SCENE 2 満行琉唯(イラスト)
SCENE 3 田久保あやか(イラスト)
SCENE 4 ytk(写真)
SCENE 5 オオムロモノブ(写真)
SCENE 6 tatあt(イラスト)
SCENE 7 ハル(イラス

『イコール』創刊宣言

現代は、インターネットが開発期を終えて発展期に入ったと思います。ネットで検索したり、交流したりすることは全世代にとって当然のことになっています。ChatGPTの急速な進化によって、いよいよ世界は本格的な情報化社会に突入します。

なぜこういう時代に、衰退してい「紙」の雑誌を出すのか、と多く人に問われました。雑誌は、時代況の最前線を探り、新しい動きをポートするメディアです。その役割はインターネットが代替し、蓄積された情報がデータベース化され、推論された検索の結果を私たちに提示してくれるようになりました。

『イコール』創刊宣言

しかし、生々しく未来に向けて動いている時代の最前線に触り、感じ、表現をするのは依然として人間そのものだと思います。

私たちはインターネットという利便性を駆使しつつも、得体の知れない人間の未来の感触は、一人ひとりの個人の感性をセンサーにするしかないのでしょう。『イコール』はＡＩが作った雑誌ではなく、ＡＩに情報を食わせるための雑誌です。

出版業界の崩壊は、私自身、長年その世界で生活し、愛してきた業界

Philip K. Dick

なので痛々しい気持ちがあります。

しかし、ＡＩ全盛の時代だからこそ、ＡＩに頼り切るのではなく、ＡＩを無視するのではなく、人類の新しいパートナーとしてのＡＩと共同して、新しい人間社会を築いていきたいと思います。

『イコール』は、10代の若者から経験を重ねた長老まで、それぞれの個人がそれぞれの立場で新しい時代を探る言葉であふれています。読者であるあなたも、言葉や表現を通して、まだまだ課題の多すぎる現代社会の突破口のヒントを感じていただければと思います。

『イコール』創刊宣言

昔の雑誌の創刊号は「創刊宣言」が当然のようにありました。それは単発の作品集を作るのでも商品カタログを作るのでもなく、新しい時代の流れを作るのだという意気込みがあったからです。雑誌は、人が集まって、読者を巻き込みながら成長していく運動体です。

この宣言は終わりません。私たちは『イコール』の発行を通して語り続けるし、まだ見知らぬあなたとの対話を求めていきます。よろしくお願いします。

『イコール』は読者《あなた》の合流をお待ちしています。

THE《ザ・レーダー》 RADAR

世界は面白い人やモノであふれている。

あなたがセンサー。情報の海を楽しもう！

1 町でみかけたブロンズ像ファッション

東急東横線の学芸大学商店街の小さな公園の子どものブロンズ像に、かわいい編み物が着せてあった。近所の人が着せたのだろう。

昔、どこかの雪国で「街に芸術を」とかのスローガンで芸術家たちが駅前広場にさまざまな像を置いたが、裸像は寒くて可哀想と、近所のおばさんたちが服を着せたという新聞記事を見て、アーティストに同情をしつつ、おばさんたちに喝采の気持ちを持ったことを思い出した。

自然の野山や街角に置かれた、お地蔵様への感覚なのだろうか。像に生命を感じる日本の心が好きだ。

橘川幸夫 (東京)

RADAR ではメディアや現実で関心を持ったことをコラム原稿として募集します。文字数は 300 文字から 500 文字の範囲でお願いします。送り先は『イコール』RADAR 投稿係 (info@equal-mag.jp) まで、お願いします。採用が決まりましたらご連絡さしあげます。

2 人工知能AIが花の名前を教えてくれる「ハナノナ」を使ってみた

春になると私はつい道端に咲く黄色いその花を探してしまいます。小さく目立たないけれど、黄色い花びらの真ん中にみどり色の金平糖がポツリと飾られたようなかわいらしいその姿が、さりげなくともユニークで、一目見たくてつい足元を見ながら歩いてしまいます。この春、その花は「キツネノボタン」だと知ることができました。

「ハナノナ」というスマートフォンアプリは、スマホカメラをかざすだけで、その花の名前であろう候補を人工知能AIが教えてくれるのです。ディープラーニングという技術を駆使したその人工知能AIシステムは、たくさんの教師データ(機械学習モデルを学習させる上で必要となる情報)を取り込み画像を解析するそうで、精度の高い解析結果を導くには、常にデータを取り込み学習を続けなければならないそうです。

小さな花にも名前があり、私よりも物知りな人工知能AIが発展途上であるという、日常の中に埋もれた「あたりまえ」に触れ、心がちょっぴり温かくなった春の散歩道でした。

＊「ハナノナ」千葉工業大学 ステアラボが提供する無料アプリです。

中松寛子（福岡）

3 シェア書店の聖地・神保町が戦国時代に突入

神保町が熱い。ここ20年で書店の数は減少してきたが、大型書店が拡大して書店の面積（坪数）は増えていたのだが、ついに書店の数も面積も減少サイクルに入った。寂しい話しか聞こえてこない出版業界だけど、その隙間で「シェア書店」が話題になっている。全国的に草の根的なシェア書店が増えているが、話題で先導してきたのが、鹿島茂・由井緑郎さん率いる「PASSAGE」である。有力な著者や編集者が棚主になって、クオリティ高いシェア書店になっている。神保町に3号店まで展開して快進撃を進めていた。

そこに突然現れたのが直木賞作家・今村翔吾さんが率いるシェア書店「ほんまる」である。1984年生まれの行動する作家は、あきらかに「PASSAGE」に対抗した価格設定や運営方法で本の聖地である神保町に1号店を開店した。「PASSAGE」はどのように対抗するのか。戦国時代さながらの攻防戦が始まろうとしている。

森下無理（東京）

5 多言語話者の日本人Kazuが世界で注目！

YouTubeの登場により、誰もが人気者になるチャンスが生まれた。日本ではメグウィンが、毎日のように動画を更新して視聴者との日常感覚を共有する手法でYouTuberのフォーマットを作り出した。やがてヒカキンやじゅんやのような1000万フォロアーを超えるYouTuberが続々と誕生した。多くは一発芸や面白イベントで人気を集めている。

そういう中で、習得した言語を駆使して外国人との交流を楽しむYouTuberたちが続々と登場している。日本に来た外国人を食事に誘って番組にするMomokaやDaisukeのようなグルメYouTuberが現れ、亜流がたくさん生まれた。

Kazuは、わずか5年で12か国語をマスターしたという、驚異的な言語取得能力を駆使して、世界中の人とその国の言語でコミュニケーションをする。しかもまだ24歳だ。アフリカだろうとトルコだろうと、その国のネイティブのような言語能力で話しかけるので、みんなビックリする

「ゼロから12ヵ国語マスターした私の最強の外国語習得」(SB新書)も発行されたから、Kazu Languagesのサイトは目が離せない。

塚脇功(東京)

4 借金して寄付してる粗品

「粗品はギャンブル依存症じゃなくて、借金依存症なんだよ」と、霜降り明星と粗品のYouTube配信を毎日観ている中学生の息子が言う。「借金に依存してるの？」「そう。そうじゃなきゃ、借金のある人が競馬で当たった２４００万円を、能登半島沖地震の復興支援に全額寄付したりしないでしょ？」

粗品がお金を借りる先は銀行ではない。ガチの消費者金融である。吉本の偉い人にもギャンブルを止められているが、しれっと競馬にお金をつっこみ、それをYouTubeで配信し、また借金を背負う。

たくさん稼いでギャンブルをし、負け、当たると全額を寄付し、借金を背負うというライフスタイルの粗品から、今目が離せない。

山田スイッチ（青森）

6 フィンランドでよみがえる『週刊少年ジャンプ』の遺産

1980年代に小中学生だった人にはなつかしい、努力、友情、勝利の『週刊少年ジャンプ』で現在も続編が連載中の『銀牙―流れ星銀―』のアニメがフィンランドでジブリ作品とならぶ愛されぶりだという。ミュージカルやグッズまである。「ジャンプ」では83年から87年に連載され、アニメは86年に放映されている。主人公の秋田犬の銀と宿敵の熊、赤カブトとのバトルなどややグロテスクな描写もある。熊の脅威、北国の寒さ、犬を狩猟の相棒とする気風と親近感を持たれそうな設定もあるが、案外、秋田犬とカレリア犬という犬の文化の類似と、コンビニに狩猟雑誌が数種あるというフィンランド人の狩猟好きの血が騒ぐのかもしれない。

南谷真（愛知）

© 高橋よしひろ

7 3M落下抑制テープ書棚用で地震対策

日本は地震大国。いつ起きるか分からない地震は怖いですよね。寝ている時に本箱が揺れて大量の本が寝顔に襲いかかってきたら大変です。逃げようとしたら通路が本棚から落ちた本でふさがれてしまうこともあります。

そういう時に、3M（本社：米国ミネソタ州）の「落下抑制テープ書棚用」が効果を発します。「テープを書棚の前端に貼るだけで地震によるファイルや本の落下リスクを低減します」って案内にあるけど、ほんとに？と半信半疑で3Mの公式YouTubeを見ると、震度6弱の振動実験でも、見事に落下ゼロ。地震で本が落下するのは、書棚が傾くと本が滑って落ちてしまうのですね。すべり止め効果をもつ特殊なテープを書棚の前端に貼るだけで、地震の揺れでも書棚と本や書類の摩擦が増加し、落下せずに書棚の中に留まるというわけです。

たくさんの蔵書を持っている方に、おすすめです。

谷越亜紀（北海道）

新しい世代の息吹

特集 (1)

1

ひとりミュージカル、曼荼羅、じぶんの世界を生み出していく少年アーティスト高梨元秀くん。

ひとりでミュージカルを完成させたり、独創的な曼荼羅を描いたり、舞台・映画にも出演したりしている凄い小学生、高梨元秀くん。今回は彼の作品と、創作についての記事をお届けします。

取材構成・田久保あやか

2

レウォンが福岡県糸島市に触れたとき

レウォンは、今 13 歳。小学 4 年生で学習教材「元素カルタ」を開発し、小学 6 年生で会社を立ち上げた起業家だ。多くのメディアでも取り上げられ、プレゼンテーションの達人としても有名に。でも行く先々、出会う人々の中で、また新しい違和感に悩まされた。行き着いたのが、福岡県糸島市。

インタビューイー：レウォン（株式会社 polarewon）

インタビュアー：平野友康（株式会社メタコード）

編集：大西正紀（株式会社メタコード、株式会社グランドレベル）

3

10代イコール

自分が大人になったことを自覚した時のこと。さまざまな世代が同じ時代と社会を生きている中、肉体的にも精神的にも、最も変化の激しい 10 代の少年・少女の肉声を聞いてみよう。

企画・編集＝淵上周平

協力＝ Biden(梅田雄基)

4

こどもオモ部は、こどもたちと一緒にへんてこな遊びを考えて、本気で実行します。

こどもが「やってみたいこと」をやってみる「こどもオモ部」の主宰者は、ジョー（的場聡子）。さつきやま森の学び舎で創作講師もやっている。へんてこ音頭師範、咳払い合唱団団長。

イラスト構成・山田スイッチ

10 代は未来社会の新生児だ。新しい生命が新しい未来を探りながら成長していく。大人たちは彼らの想いと希望に学び、新生児たちは大人のスキルや経験を知り、自分たちのやり方にアレンジしていけばよい。『イコール』は生まれたばかりの赤ちゃんから病床の老人まで、あらゆる世代と一緒にメディアを作っていく。

じぶんの世界を生み出していく。

少年アーティスト 高梨元秀くん

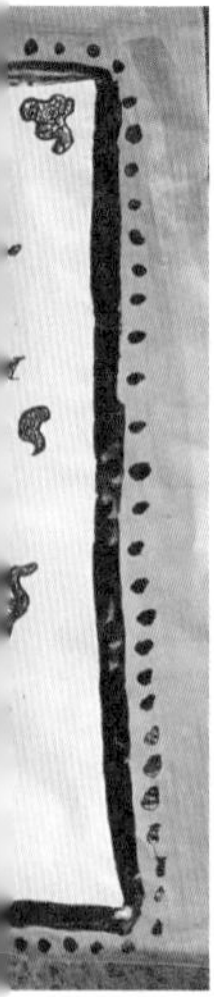

ひとりミュージカル、曼荼羅、

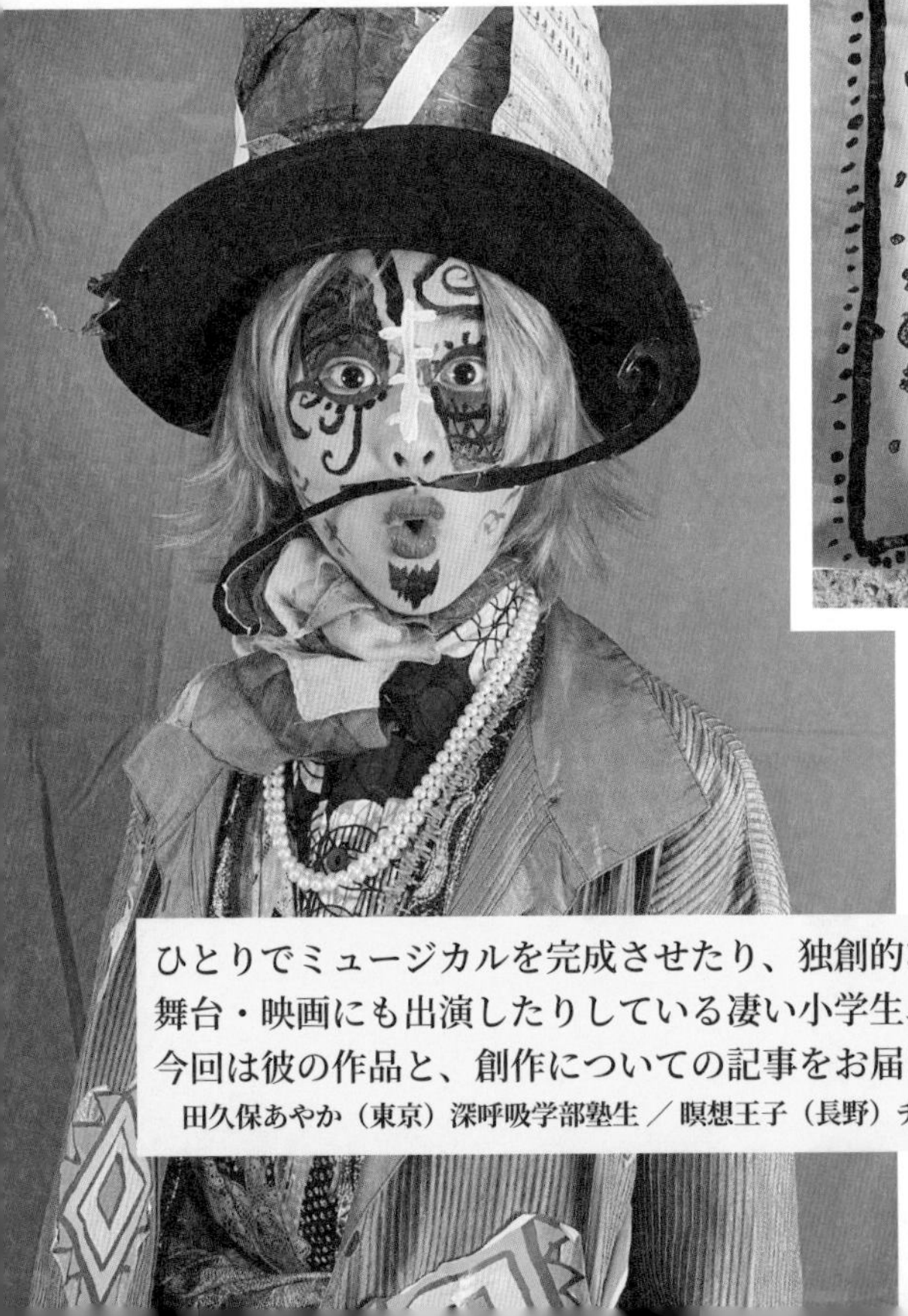

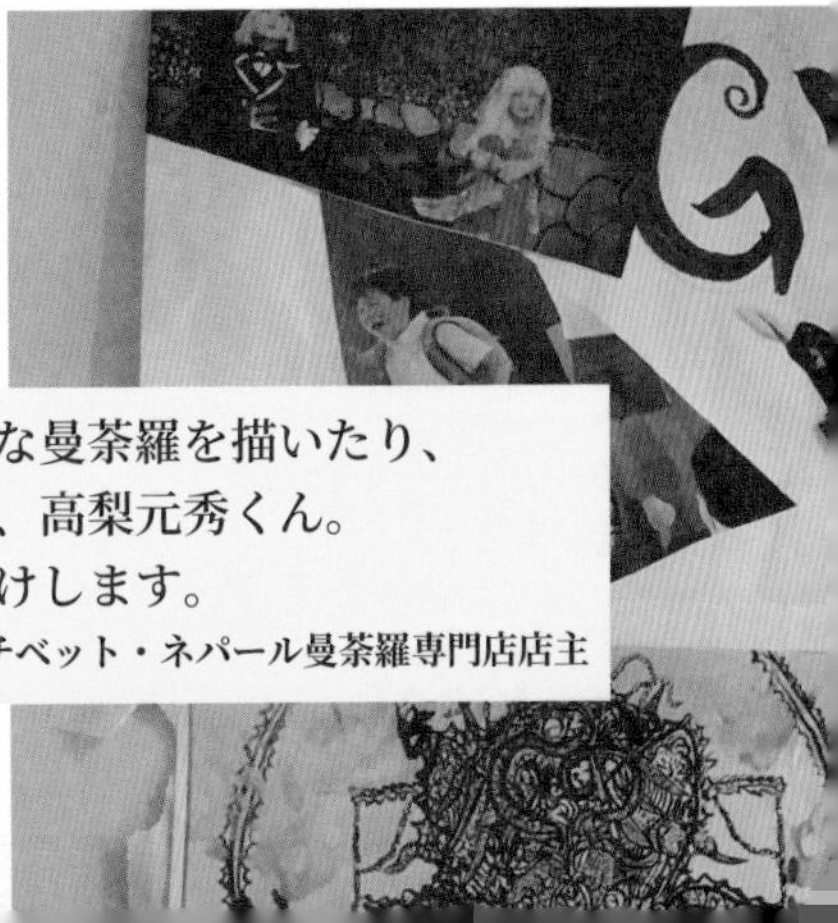

ひとりでミュージカルを完成させたり、独創的な曼荼羅を描いたり、
舞台・映画にも出演したりしている凄い小学生、高梨元秀くん。
今回は彼の作品と、創作についての記事をお届けします。

田久保あやか（東京）深呼吸学部塾生／瞑想王子（長野）チベット・ネパール曼荼羅専門店店主

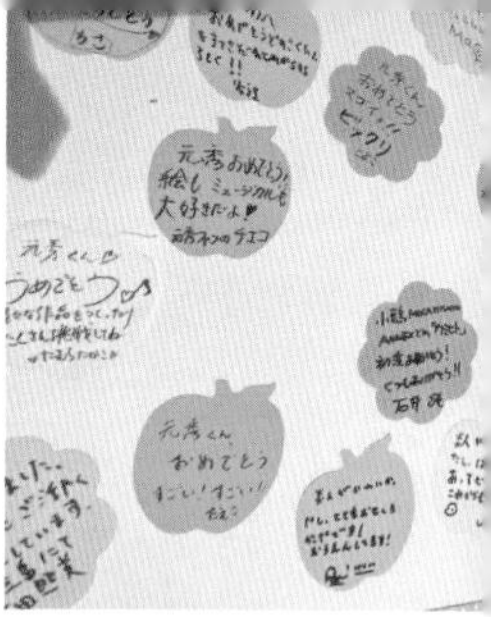

わずか9歳で、自分で脚本を書き、衣装や小道具を作り、何役も演じて「ひとりミュージカル」を完成させた少年がいるらしい。その彼が曼荼羅も描いて、渋谷で個展をするという。名前は高梨元秀《げんしゅう》くん。まだ小学6年生だ。どんな作品だろう?と見に行って驚いた。のびやかで、どっしりした仏様の表情と、画面の隅々まで真っ黒に描き込まれた緻密な線。この見事なオリジナル曼荼羅を下書きなしで描いたという。元秀くんにお会いして曼荼羅で描いたことを話してもらったら、その世界観がチベット密教の時輪曼荼羅(カーラチャクラ・マンダラ)と重なるではないか。とにかく圧倒的だ。

創作活動だけではなく、オペラやミュージカル、映画にも出演して多方面で活躍している元秀くん。どうしてミュージカルや曼荼羅をやるの?と聞くと「ただ、楽しいからやってる」と教えてくれた。楽しいから

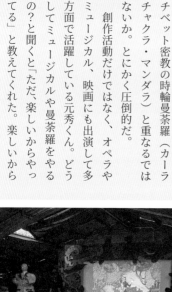

自宅での撮影時には、地下のスタジオや階段を装飾して「元秀劇場」を出現させ、衣装や小道具だけでなく演奏に使うピアニカまで装飾し、何日もかけて撮影・編集するのだ。「楽しいからやっちゃう」のスケールが違う……！

　絵もそうだ。元秀くんは美術館で作品を観るとインスピレーションが溢れて止まらなくなり、その場にしゃがみ込んで描きまくってきた。その彼が初めて曼荼羅を観た時は「魂が痺れた」という。ゾワゾワ、ゾクゾクして、これを自分でも描きたい！と思ったそうだ。小学2年生から描いてきた神仏画や曼荼羅は、何冊ものファイルに収められている。元秀くんのミュージカルも曼荼羅も、凄まじい熱量で作り出されているのだ。

　そんな元秀くんを支えてきた母親のまおさんは、彼が好きなことを大切にしてきた。保育園の頃から、他

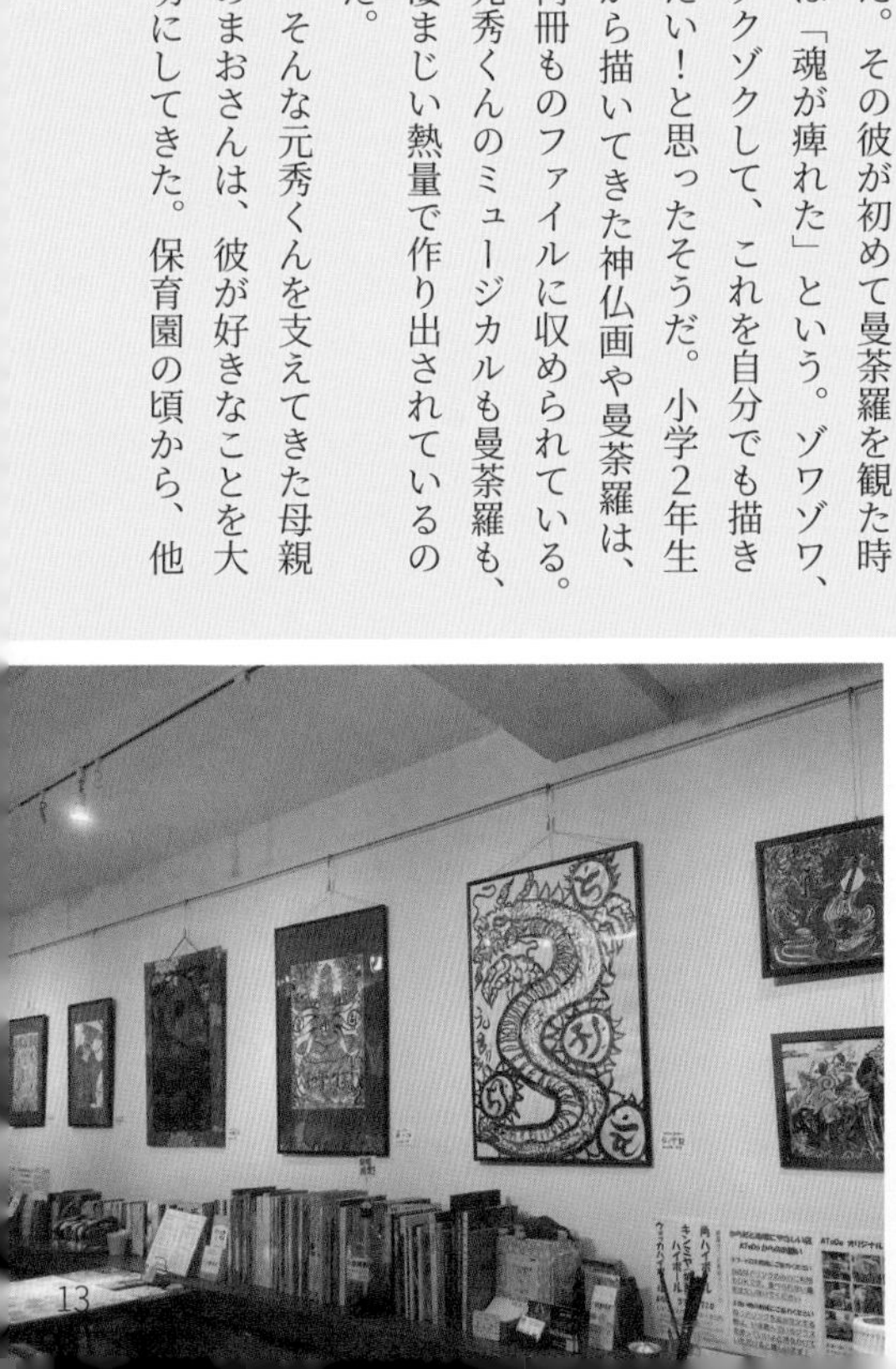
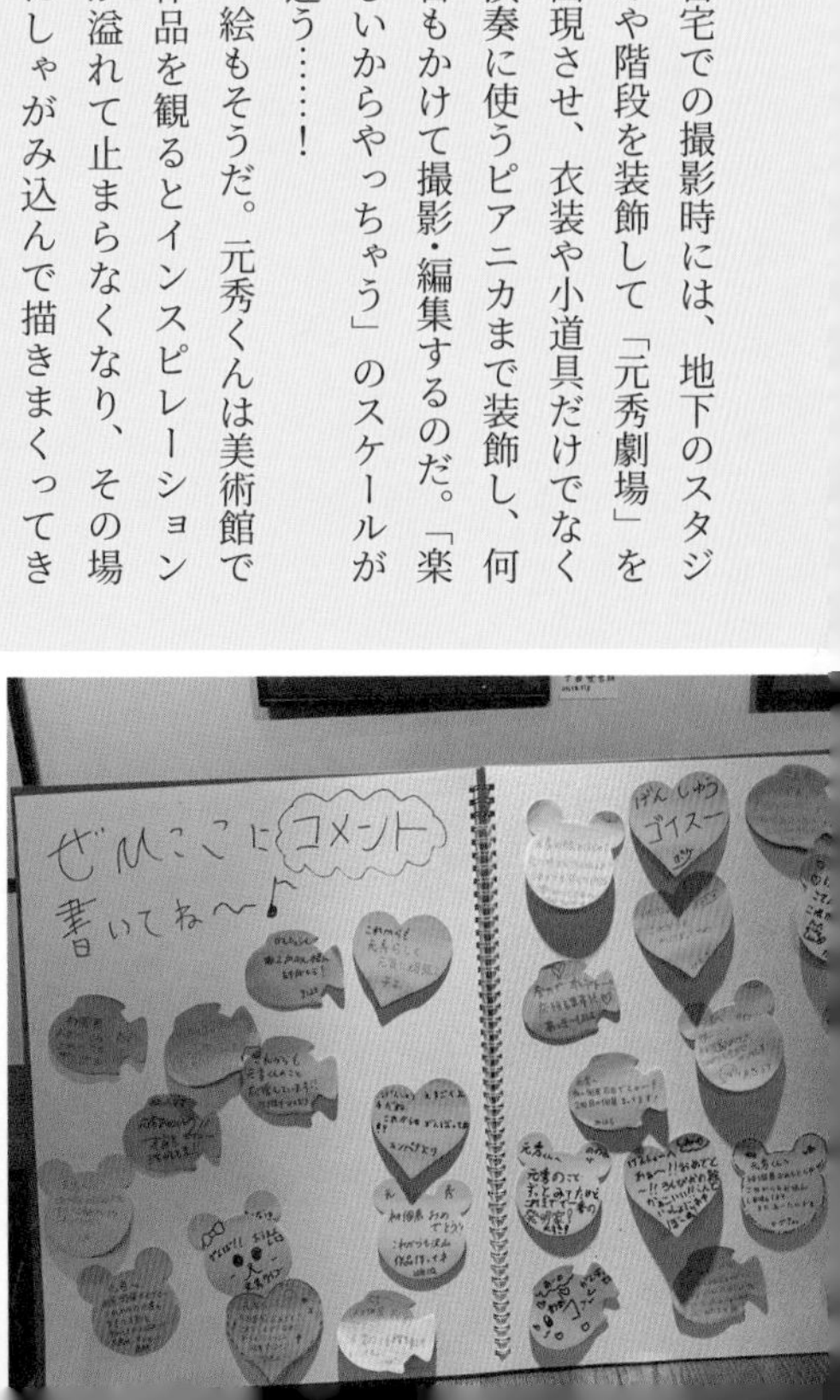

の子から離れて、想像の世界をブロックで表現しながら物語を紡いでいた元秀くん。その姿を見て「学校の勉強より感覚的なものが好きなら、それをやらせてあげよう。どっちにも行けずに苦しむことがないよう、徹底的に好きなことをやれる環境だけ作ってあげよう」と思ったそうだ。ずっと元秀くんを見守ってきたたまおさんは、「世界を生み出しながら、その中で遊んでいる子だった」と語る。思い描いた世界を積み木で表現していたのが、成長してペンが持てるようになり、言葉や音楽、絵を使えるようになって、そして今も、世界を作っている最中なのだ、と。

すでに創作意欲を爆発させている元秀くんだが、やりたいことは尽きない。3Dデザインを学んで頭の中のイメージを表現したり、ネパールで曼荼羅を専門的に学んだりもしたいそうだ。この先もまた、凄い世界が生み出されそうだ。

※年齢は2023年12月取材当時のものです。

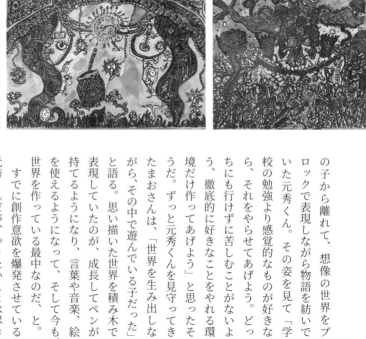

高梨元秀くん　出演映画『半端者』 製作・監督・脚本　東慶太

自分の生きる場所を探す青年の姿を通して、人生の性と愛の明暗を描いた作品。作者の東氏は６００ページを超える書籍『半端者』出版後、全額自費で映画を制作。東氏は「元秀くんは独自の豊かな感性で、難しい役をイメージ通りに演じてくれました」と語る。
２０２４年５月クラウドファンディング実施予定。
https://www.hampa-mono.com

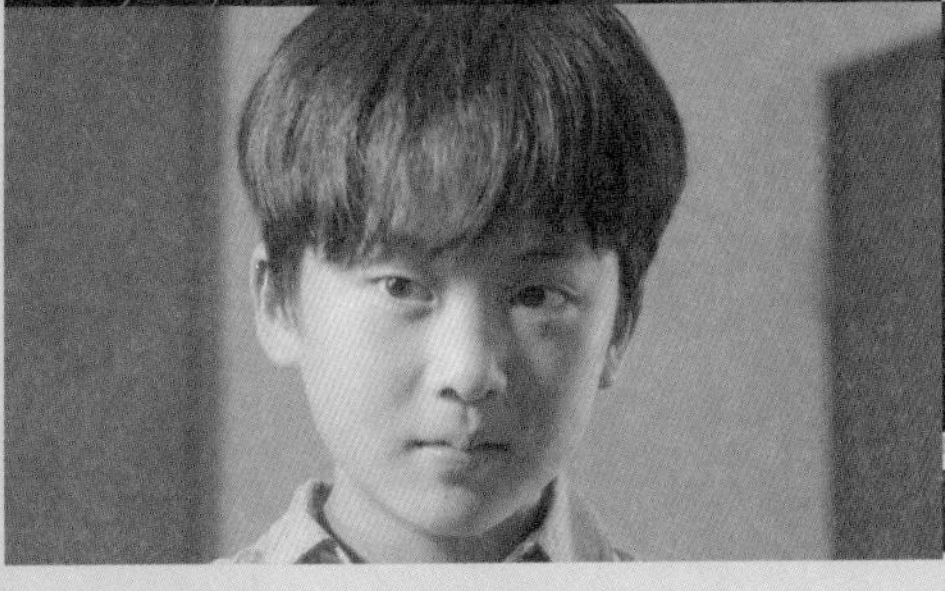

高梨元秀

少年アーティストとして、過去３作の長編ミュージカル動画を制作。「ミュージカル博士ちゃん」としてテレビにも出演した。オペラやミュージカル、映画にも出演している他、曼荼羅の個展も東京、小豆島で開催。多岐にわたる創作・表現活動を行っている。

Instagram

YouTube

レウォンが
福岡県糸島市に触れたとき
「まちづくり」について思うこと

インタビュイー：レウォン（株式会社 polarewon）
インタビュアー：平野友康（株式会社メタコード）
編集：大西正紀（株式会社メタコード、株式会社グランドレベル）

レウォンは、今13歳。

小学４年生で学習教材「元素カルタ」を開発し、小学６年生で会社を立ち上げた起業家だ。「元素」に魅了されはじめた当時、学校への違和感から不登校になったが、一方で元素の魅力を伝えたいと「元素カルタ」を考案し、商品化までさせた。多くのメディアでも取り上げられ、プレゼンテーションの達人としても有名に。でも行く先々、出会う人々の中で、また新しい違和感に悩まされた。

行き着いたのが、福岡県糸島市。株式会社メタコードの平野友康さんたちと、彼らが手がける「糸島サイエンス・ヴィレッジ構想」（以下、ＳＶＩと表記）に出会うことになった。気づくと資料を読み込みながら、彼が得意なプレゼンテーションを活かした解説動画をつくっていた。「まち」について興味を持ちはじめた。

その動画はやがて、糸島市役所の皆さんや多くの市民の人々の心を打ち、町中へと広がっていった。今では糸島市の公式な場でもこの動画が使われ、協力したい！と次々と市民の心が変わるきっかけにもなっている。

そんなレウォンは、今、生活の半分を平野さんと共に糸島で過ごしている。新しいまちをつくるという壮大な計画を、地域の人々とのライブな出会いの中でつくっていく。その渦中に日々身を置きながら過ごす13歳の彼の目には何が映っているだろう。

インタビュアー

平野友康

1974年、群馬県桐生市生まれ。１９９８年、鴻上尚史主宰「劇団第三舞台」をプロデュースする、株式会社サードステージのデジタル事業部から分社・独立し、株式会社デジタルステージを設立。同社代表取締役会長に就任。開発プロデューサーとして、ＶＪソフトのデファクトスタンダード「motion dive」や、写真を映画のような映像にする「LiFE* with PhotoCinema」。ウェブ制作ソフト「BiND for WebLiFE」など、自分たちの生活をデザインするソフトウェアを発表。グッドデザイン賞金賞、文化庁メディア芸術祭優秀賞など受賞多数。現在、まちづくり構想をつくる株式会社メタコード代表取締役、まちづくり情報プラットフォームをつくるテレポート株式会社代表取締役。

インタビュイー

レウォン

２０１０年生まれ。 株式会社 polarewon CEO、ラーニングイノベーター 。小学４年生で、遊びながら楽しく学べる「元素カルタ」を考案開発し、クラウドファンディングで資金調達のうえ、商品化を実現。小学５年生で、自ら選んで考えて作ってシェアして学べる「漢自 mission」を生み出し、高いプレゼン能力が話題となる。 その後、自分自身の問題解決が社会の問題解決につながることを理念とし、株式会社 polarewon を小学生で設立。世の中の常識にとらわれず、ソーシャルイノベーションを起こすため、数々のプロジェクトを立ち上げている。

糸島サイエンス・ヴィレッジ構想（ＳＶＩ）とは？

九州大学を中心に、地域住民、地元事業者、学生、研究者、企業、研究所などが集い、活発に交流することでさまざまな分野のイノベーションや新産業が生まれるまちをつくるプロジェクト。糸島市、九州大学、民間企業で構成する「一般社団法人ＳＶＩ推進協議会」を中心に「まちづくりを研究・実装するまち」の実現を目指し、学生街、農業、エネルギー、通信、宿泊等、さまざまなテーマを持つユニットが集まり、まちがつくられていきます。また、そのフィールドを市全域へと拡張していくことで、市民や地元事業者などとの交流を促進させ、地域資源との融合へとつなげていき、これらを「糸島まちづくりモデル」という新しいまちづくりのカタチとして国内外に発信していくもの。

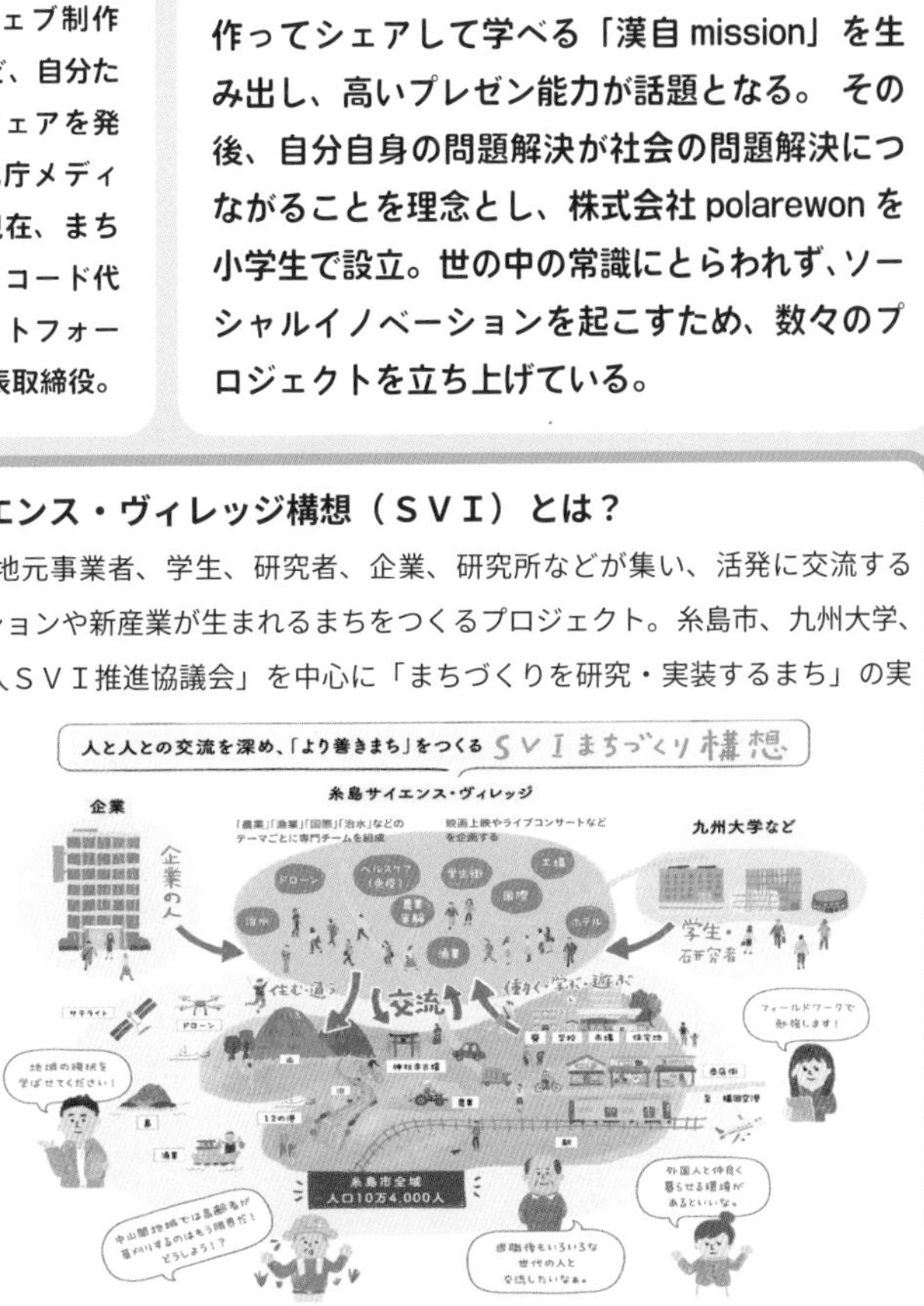

レウォンが見てきた日本の地方創生

えーと、今日は糸島の話を聞きたいのに、僕らはなぜかハワイにいます。いやぁ、南国だし虹が出てるしインタビューしたくなくなるくらい気持ちいいなぁ（笑）。僕らあちこちを飛び回る生活をしているけど、海外で会うのは初めてだね。さて、レウォンとはこの半年くらい福岡県糸島市で一緒にまちづくりに取り組んでいます。日々全力で目の前のことに取り組んでいるから、なかなかレウォンの気持ちや実感、あるいは悩みを振り返ることってないような気がしています。そこで今日はこれまでの話をあらためて聞いてみたいなと思って。まず、今は、ハワイでワークショップに参加していてどう？

ヤバい、楽しいです、すごく。

◀レウォンにとってははじめての海外。平野さんたちが主宰するハワイでのアカデミックキャンプに参加した。

国外に出たのは初めてなんでしょ？

初めてです。いろいろびっくりで楽しんでいます。色も匂いも違う。

糸島の話をしたいのだけど。レウォンのこときちんと知らないことも多い。もともと東京生まれ？

東京生まれ、東京育ち。

どっか別の場所に、長期間暮らしたとかは？

なかったです。イベントとかで地方に行っても、長くて１週間くらい。だから、福岡の糸島は東京以外で一番長くいることになって。糸島がそういうのは初めてです。

そうだったんだね。糸島にはじめてきたのが２０２３年の８月で、その後 11 月から僕らがやっているまちづくりに関わるようになって、実際どう？

なんか、まちづくりはどこでも面白い！ってわけじゃなくて、糸島に住むみんなの毎日の生活そのものが「本物のまちづくりなんだ！」って感じてます。っていうか、糸島は充分そのままでヤバい (良い意味で)。別のまちでまちづくり一緒にしようって言われても、なかなかこうならない気がしてて。糸島が「なんかいい」んですよね。

そこまで糸島愛が深いのは凄いね！　でも、半年前まで糸島には興味なんて全然なかったじゃん？　ましてやまちづくりにも。なんで急に夢中になっちゃったの？

でも、そういう一般的なまちづくりを見てたら、糸島で僕らがやろうとしているまちづくりって全然やり方が違うじゃん？　予算もないし、代理店とか専門の会社とかいなくてＤＹＩ感覚だし、古民家がオフィスでみんなで住み込みながらずっと議論ばかりしてるし。むしろこっちが怪しいと思わなかったの？

うーん……なんか普通の地方創生って、有名な人を呼んで講演会とか、特産物使った食の開発やイベントやったり…なんかちょっと違和感感じ始めてて。

それは他の地域ではとりあえず〝盛り上げる〟みたいなことが、多かったってこと？

はい。すごい人とか美味しいものにスポットを当てて、商品作ったりイベントやったり。でも糸島のまちづくりは全然違う。関わる人達がみんなヤバい。いい人ばかりでいつも泣きそうになる…元々糸島に住んでる人も、集まってくる人も、みんなヤバい。すごい。なんでこうなってるんだろう？

何かな。今まで地方創生とか町興しのイベントに携わらせてもらったことがあったんですけど。糸島はそことは確実に違う気がしてて。でも何が違うんだろうな？　言語化がうまくできないですけど……。

普通、子どもは地方創生や地域おこしのイベントには呼ばれないじゃん。それは「中学生起業家のレウォンの神プレゼン！」みたいな出し物で呼ばれたってこと？

そう、小学６年生で起業した後にいろいろと体験させてもらえる機会が増えました。十勝や、山形、富山の地方創生、地域おこしとか。それぞれ関わり方はいろいろだったけど。ちょっと「天才」とか「神プレゼン」とか言われながら……。

そうだったのか～。でもそれってレウォンとしては嫌じゃなかったの？

正直ちょっと複雑だったけど……。

小学校高学年で「元素カルタ」を開発し、起業して、有名になった。カルタのワークショップとかで、いろんな地方に呼ばれていくと、そこはだいたい地域おこしイベントが行われている現場だったわけだ。イメージ湧いてきたよ！　そんなに日本中で地方創生イベントが溢れていたとはなぁ。

それ自体は別に悪い事じゃないし、面白い経験もたくさんできました。

に入ったり、まちづくりを通してその人が、人生かけて変わろうとしちゃったりする、そんな覚悟にたくさん出会えることかなぁ。そこにまちづくりの本物さを感じられて。そんな毎日。だから有名人や著名人とか来なくていいし、ましてや客寄せとしての芸能人や芸人さんはマジでどうでもいいの。その日だけ来て、賑やかして帰っていく人を呼んでも何一つ意味ないからね。

うん！　うん！　やっぱりそうですよね！

それより糸島で毎日仕事や生活をしながら、お互いの関係をつくっていく。そこからはじまる人の変化と可能性にワクワクしてる。そういうことが糸島の大冒険な日常だと思うんだよ。

糸島の毎日が大冒険って感じ、わかる！　平野さんと動くとどんどん面白い仲間が集まって、糸島の中でも知り合うし、あっという間に東京から移住してきちゃうとか信じられない事が起こる。まあ自分もそうだけど（笑）。そういう人達が集まってくるのって、なぜ？　そこで何が起きてるんだろう？ってことにすごい興味あります。

そうか、レウォンは〝人〟について興味があるんだね。レウォンは今、中3だけど、人が面白いみたいな感覚は、小学校からあった？

多分あったんじゃないかな～って思います。

「学ぶ」を哲学し、「人」が面白い

確かに僕らが糸島でやっていることは、知名度とか全然関係ない。それよりも、地域に元からいる人たちとの接点を日常的にどんどん増やしていって、市役所の人も、農家の人も、新聞社の人も、会社を持ってる人も、みんな会うとすっげぇ仲良くなっちゃって、どんどんまちづくりの計画が楽しく本物になっていくわけだ。

そういうのは糸島で初めて見たから、ヤバ～って思いました。さらに平野さんたちがめっちゃ楽しそうにしてるのが大きくて。で、平野さん達や糸島の人達とも関わりだして、もっと「なんだこれは？！」っていう感じに。

今度、糸島でまちづくりの新しい会社をつくろうってことになって、そのことを地元のいろんな会社の方に伝えようって、最近「１００社参り」をレウォンも一緒に巡りはじめたじゃん。

うん、あれヤバい、ヤバい。

「何が」ヤバいんだろう？　改めてレウォンがどう思ってるのかを知りたくて。

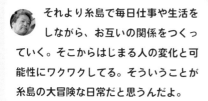

僕も改めて聞かれると難しくて……。質問に質問で返すみたいな感じですけど、平野さんは何がヤバい？

僕はそうだなぁ。僕らでつくった「ＳＶＩまちづくり構想」を通して出会う人たちの人生にグッと深いところどうなんでしょう？　どうして平野さんそう思った？

レウォンは、学ぶ環境のことを真剣に考えてるなって。

うん、そうか。確かに、さっきの「人」ってところに結びつけるとしたら、いろんな人たちを呼んで、聞いたり話すことで、「人は人から学ぶ」んじゃないか？みたいな事を考えたりしてました。

小学生や中学生だと、社会の接点が学校しかないじゃない？　だから授業や学校のことだけについて考えちゃうよね。でもレウォンは今、学校に行くよりもいろんなことが起こるし、いろんな人に会う環境にいるから、そこから自分の興味や学びの範囲も広がっていくのかもね。

平野さん達といると毎日信じられない事件や出会いが起こるからめっちゃヤバい。どんどん広がっていく感じ。数日で何ヶ月分ものことが起こる。

そもそも学校に行かなくなったのは何でだったの？

小学校３年生くらいまではめちゃめちゃ楽しく通っていたんだけど、４年生で先生がかわっていろいろとあって…。それがコロナの時の休校と重なって。その辺で学校自体どうなんだろうって今まで思ってなかったモヤモヤとした気分がこみ上げてきて……。

そうか。それで小学６年生のときに起業したんだもんね。

その後、学校自体について考えるようになって。それで、それで、あぁ……。そんな感じです。

ちょっと待って、待って。そのあぁ……ってところもうちょっと聞かせて？

何だろう…。「元素カルタ」を作ってたら、例えばデザインとか印刷とか頼んでいるところで、小学校の社会で勉強したことにつながるなとか、デザインを考えるところで、これって図工になってるなとか、クラウドファンディングの金額の計算とかで、これは数学だなぁとか。学校じゃなくても、そういうところからも学べるんじゃないかって思うようになったんです。

そういうことか！　それって、「学び」に興味があるってことだね。「学ぶこととは何か？」を考えるのが大好きなのかな。そういうの、ない？

糸島の会社を１００社巡りたい

これから糸島でやりたいことって何かある？

うーん…やっぱり糸島の地元企業をまわる「100 社参り」はすごくやりたい。これまでも糸島サイエンスヴィレッジ構想の動画を作ったりしたけど、もっと濃く、これまでとは全く違う糸島のまちづくりに関わっていきたいと思います。

そうか、今までレウォンが触れてきた地方創生は、あくまで単発のイベントにゲストとして登場して講演する、みたいな関わり方だったんだもんね。あれはやめたい、と。一方で、先日１回目を開催した市民の誰もが３分プレゼンをする「未来フェスいとしま」ってイベントは、かなり良いでしょ？

そう。未来フェスも、今まで参加したイベントとはちょっと違うなって思ってました。

よく地域おこしのイベントだとテーマがあって、そのテーマや商品開発に向けて私たちは頑張ります！（ガッツポーズ）みたいな宣言をしたりすると思うの。けど「未来フェスいとしま」は良い意味でもっと緩い。そもそもの目的がみんなを知る機会をつくりたいだけだから、目的が違うんだよね。レウォンが興味持ってくれてる「１００社参り」も、本当にその地域のその人に……

この約半年間、半分糸島に住み始めて、東京とどっちが良い？

どっちが良いかって聞かれたら糸島の方が良いです。東京は家族がいるけど。でも糸島はかなりヤバいから。

その〝糸島がヤバい〟ってのは、やっぱり人も環境も。

そう、人！　人！　人！　環境も！どっちも!!

っていうか、環境ってのも、人が作ってるところにくっついてくるものだよね。

そうそうそう！

▶インタビューを終えた平野さん。

うん、フォーカスして!!

その先で何が起こるか分かんない。でも、何か見つかったらすぐ動き出すってのが楽しいよね。どんどん仲間が増えるしね！

うん！

「100社参り」をどんどんやりたいのはなんで？

うーん、なんでですかね。今までは平野さんや「糸島サイエンスヴィレッジ構想」に関わってる人達と出会ってきた。けど、「100社参り」はこちら側からのアプローチになっていく。そうやって街の人たちとどんどんつながっていったら、プロジェクトがもっと加速して、面白くなっていく気がする……。

じゃあ最後に、2024年の抱負を！

なんだろうなぁ。とりあえず糸島で何か……。とりあえず楽しそうなこと、面白そうなことにチャレンジしたい！　それを糸島の、自分の好きな人たちとできたらめちゃくちゃ嬉しい。なので難しい事はいろいろあるかもだけど、とにかく頑張ろうって思ってます。

よし！　わかりました。まだまだ一緒に楽しんで行こう。レウォン、今日はありがとう。皆さん、以上、ハワイからお届けしました。明日糸島に帰ります！

10代イコール

さまざまな世代が同じ時代と社会を生きている中、肉体的にも精神的にも、最も変化の激しい10代の少年・少女の肉声を聞いてみよう。

自分が大人になったことを自覚した時のこと

企画・編集　淵上周平
協力　受験マネジメントサロンBiden

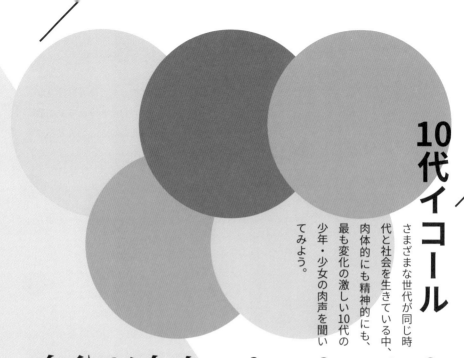

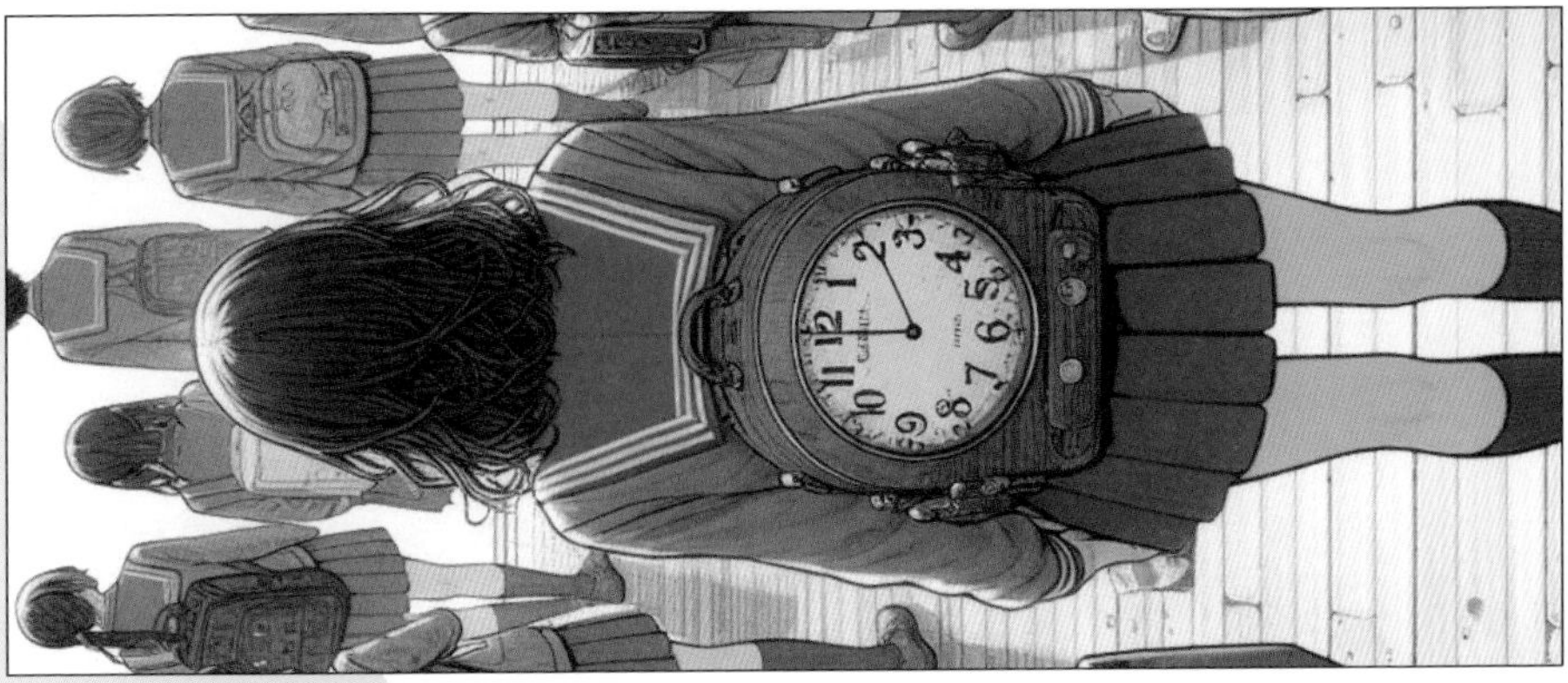

1

雪

（神田愉良・17歳）

大人になってから大人が別にカッコ良くもなんともなく、ただ単に退屈で冷めている人間だと気づいた。

　中学生のときに通っていた塾でずっと覚えている話がある。その授業の数日前に雪が降った。授業の合間に先生が「この前、雪降ったじゃん？　それで俺思い出した話があるんだけど。雪が降って俺めんどくせーって思っちゃったのね？」「それがすごいショックで、なんでかっていうと子どもってさ、雪降ったら喜ぶじゃん？　でも大人ってそうはならないじゃん。それが一見普通だと思うかもしれないけど、なんか自分がすごい損してる気がして」「あんまり雪が降らない東京で雪が降ったら、テンション上がってもおかしくはないはずじゃん」「でも電車止まるかもとか、雪かきしないといけないかもとか、現実的なこと考えちゃうじゃん」「俺このままだと不幸になっちゃうじゃんと思って、もっと子どもっぽくなっていきたいよね」とこんな感じの話をしていた。

　確かに、そうかもしれないと思った。僕は勉強でずっと座っていたのと、雪が降るくらい寒いので（実際には雪は関係ないのかもしれないけれど）、右の親指がパンパンに膨らんだ。病院に行ったら霜焼けと言われた。これも全部雪のせいだと思った。入試も近いから、本当だったら病院なんか行っている暇もないので、本当に腹が立った。

　でも先生の話を聞いて、自分が受験で純粋な気持ちを失った、先生の言い方を借りると大人になってしまっていたと気づいた。話を聞いて子どもに戻ろうと思ったが、人に気づかされてるし、受験が近いからどうせ現実的なことに負けて勉強しちゃうだろうし、無理だと思った。こんな形で大人になりたくなかった。

　僕は変に斜に構えてしまうくせがあるので、小学生高学年のときにはもう雪では喜んでいなかったかもしれない。初めはカッコつけだったけれど、だんだんそれが本当の自分になってしまった。そして大人になってから大人が別にカッコ良くもなんともなく、ただ単に退屈で冷めている人間だと気づいた。

電車デビュー 2

(凪・16歳)

ジョルダンというとっても便利な最強のアプリをインストールした。これがあれば私は一人でも遠出できる。

私は超インドア派だったので、小学生のときは遊ぶならうちか徒歩で行ける図書館しかなかった。中学生のときは都電に乗って行ける図書館かカラオケ、JRの隣の駅までしか一人で、というか子どもだけで行ったことがなかった。都電って、電車というよりバスに近いイメージで、駅と駅の間が1、2分くらいのローカルな乗り物だったので気軽に乗れるから、さすがの私でも大丈夫なレベルだった。しかも数分に1本来るから、時間の心配もほぼなし。

高校受験のときも一人でJRに乗れなかったのでパパと向かった。

だけど今、高校はJR（隣の駅だけど）を使う。入学したての頃、新入生歓迎の遠足的なもので西武園ゆうえんちに現地集合ねとか言われて本当に困った。都外に行く？ 一人で？ 結局途中で合流して一緒に向かう人はいたけど、そもそもその集合場所の新宿ですら一人で行くのは初めてだったから、めっちゃ緊張していた。

入学して少しして、入った塾は池袋だった。池袋なんて人が多くて何番線もある駅に一人で行ったことなんてない。東口から出るけど、その東口ってのも覚えられず、最初の方はリアルにママに「東口だよね？」と確認のLINEをしていた。

そんな迷路みたいな池袋だけど、さすがに通っていたら慣れる。最近やっと慣れた。もう看板を見ながら辿って来なくても、東口から出られるようになった。一年前と比べたら、私の電車での移動スキルは格段に成長している。

前までのJRのあの謎の怖さはなんだったのだろうかと思ったら、分かった。どれに乗るのか分からない恐ろしさ。

都電のホームは右か左かだけでとても分かりやすかったけど、JRは何個でもある。うちの最寄りはホームが2番線までしかないから乗る方さえ間違えなければ着けるけど、池袋はもちろん、赤羽でさえいくつもいくつもある。しかも、私が降りる駅だけをすっとばしていく特急という存在もある。訳がわからない。

中学生のとき、JRとかで遠出に誘ってくれる友達がいたらよかったのかもしれないけど、私の周りも私とほぼ一緒だった。それでもカラオケに行こうと上野まで行ったことがあるけど、帰りに全然違う電車に乗って、仕方ないから職員の人に聞いて、みたいなことをやったことがある。

でも今は違う。ジョルダンというとっても便利な最強のアプリをインストールした。これがあれば私は一人でも遠出できる。

これを自覚したとき、私は大人になったなぁと思った。

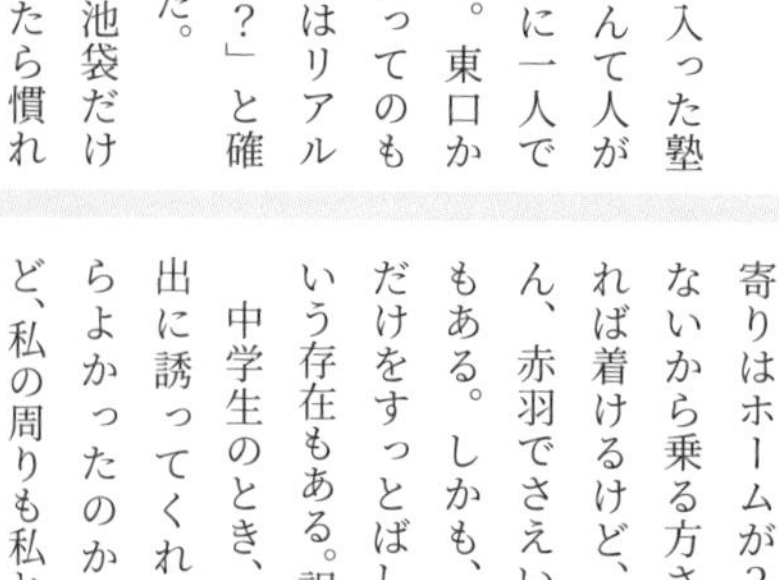

3 人の痛みを知ったこと

（おしりトラベラー・16歳）

ほとんどの場合、孤独感を感じている部外者は私自身だったのだが。

私は小学校高学年のとき、親友がいた。そいつも私も常に一緒にいて、くだらないことを話して、酸いも甘いも一緒に味わった深い仲だ。小6の末、中学受験のとき、その親友は受験に専念するために1、2カ月くらい休むことになった。私は親友がいなくなったので、代わりみたいな感じで保育園からの友達と一緒にいるようになった。その子とはたまに話すくらいだったけど、親友が学校を休んでいる間はずっと一緒にいて馬鹿な話をし合った。別に常に誰かと一緒にいなきゃダメだ、一人じゃ嫌だと思っていたのではない。当時の私の友達との関わり方が、一人と常に一緒にいることだったからだ。そして、私はその小学校に1年から通っていたため、友達は全然たくさんいる。その中で1番仲の良い子が休んだため、2番目に仲のいい子とつるみだした、という自分の中で至極当然の流れだったのだ。まあ1番、2番といっても、その間にはすごく差があった。1番の親友が休んだ時につるむ用の友達、くらいの認識だった。

中学受験が終わり、私立中学校に落ちた私は、自分の小学校のなかで受験をしなかった生徒のほとんどが通う中学校には行かず、学区外の中学校に通うことを選んだ。私は小学生の間、いわゆる黒歴史というものを重ねに重ねたので、それを知っている人と顔を合わせるなんて絶対に阻止しなくてはならない、不可能だと思ったからだ。そして私は走れば3分の学区内の中学校を捨て、走れば7分の学区外の中学校に行くことにした。学区外の方の中学校は、特定の他の小学校からきた生徒が9割以上を占めている学校だった。

別々の学校に通っていても、小学校の頃の友達のほんの数人とは遊んでいた。もちろん親友とはまあまあ遊んでいた。2番目の子とも誘われれば遊んだ。2番目の子に誘われてサイゼに行った日があった。メニューを読むだけで爆笑し合って、ご飯を食べながら新生活に関する適当な話をして、一緒に帰る流れになった。帰る途中で、その子が私の親友とも遊びたいなーみたいな話をしてきた。最初はそんなふうな軽い話だったが、その子の話はどんどんエスカレートして、最後の方はめちゃくちゃ泣きながら私にすごい熱量の怒りをぶつけてきた。内容は、主に私と親友がふざけて学校から抜け出したときのことを怒っていた。3人で友達だったのに、なぜ私には何も相談しないで2人だけで行ってしまったのか。他にも2人だけで何かしていることが多かったよね、と。私はめちゃくちゃ面喰らった。私は親友と私とその子の3人で友達だったという意識は完璧にゼロだったからだ。繰り返すが、私はその友達に関しては、親友が休んだときに代わりにつるむ相手としか考えていなかったからだ。親友と学校を抜け出す前も、その子に相談するという発想は1ミリも脳裏をかすめなかった。全く想像もつかなかった方面からすごい熱量の怒りをぶつけられ、私はびっくりすると同時に、何言ってんだこいつと思った。が、昂った彼女がぶつけてきた疑問の回答として、その程度の関係の友達だと見なしていなかったからとは口が裂けてもいえなかった。

話を中学の方に戻す。中学校入学当初、同じ小学校出身者同士で固まっている奴らが95%を占めている中学校の生徒たちとはあまり馴染めなかった。馴染めた馴染めなかったというより、いつまでも自分の中のよそ者意識が抜けずに葛藤していた。そんな中で、一人本を読んでいるときに、隣のクラスから自分のクラスにいる友達とだべりにきたついでに自分の方に手を振ってくる子がいた。その子は面白くて趣味も合って、あっという間に仲良くなった。しかしその子にはたくさん友達がいたので(同じ小学校の6年間通った仲の人がほとんどなのだから当然だ)、一人になることが多々あった。私はこの状況になって初めて、学校で自分が選択せずに一人になることの心細さを知った。小学校の頃はよく一人で図書室に通い詰めていたが、それは自分で進んで行っていたのであって、昼休みにクラスに居場所がなくて消去的に図書室に行くしかなかった屈辱的な中学校での状況とは全く意味が異なっていた。

中学校で、友達が私のそばから離れてしまうという初めての屈辱的な心細さを体験して初めて、私はサイゼの帰りに私に怒りをぶつけてきた友達の言葉の意味を理解した。よく考えたらその子はいつ私が話しかけても誰かと一緒に居はしていなかった。私が今中学の友達に感じている、私を置いてどこかにいく寂しさを感じていたのかなと思った。小学校時代、私は特定の友達と一緒にいたとはいえ、「いつもお互い一緒にいようね?」みたいな縛り付けなどは馬鹿らしいと思っていたし、小学校でも普通に一人で図書室に行きまくっていた。だから、中学校に上がってから初めて感じるようになった誰かと一緒にいなきゃ、みたいな自分の焦燥感を馬鹿らしいと思っていた。しかし、小学校での2番目の友達が同じ気持ちを味わっていたことをようやく理解し、申し訳ないことをしたなと思った。

それからは、孤独感を感じている人がどんな状況でもいるかもしれないな、と思うようになった。ほとんどの場合、孤独感を感じている部外者は私自身だったのだが。

これが、私が少し大人に近づいたときなのかもしれない。

4

MVP

(とみとみJ・16歳)

「私が、すべてやるのではなく、私がみんなを動かせる人になるべき」と気づきました。

6月。高校1年生になってから2カ月経ちました。高校生活に少し慣れてきて、順調に進んでいきました。新しい何かに挑戦したいと中学生の頃から思っていました。そんな時に友達が、「ねぇ、FLLやってみない?」

と誘ってくれました。私は、ＦＬＬというものに興味があったので、参加してみることにしました。「ＦＬＬはロボット大会だけど、プレゼンもある大会だよ」と聞いた時は、「私、プレゼン得意だから活躍できるかも」なんて考えてました。

そして、ＦＬＬに参加することになって、友達のチームに入ることにしました。チームに参加してからは、チームメンバーと仲良しだったのかなと思います。メンバーは基本的に小学生で構成されている感じです。楽しく活動できるかなとワクワクしていました。でも、やはりＦＬＬはロボット大会です。ロボットのほうができなければならないと気づいた私は、ショックを受けていました。プレゼンをするために入ったようなものなのに、ロボットができないとダメだと。

そこから自分からいろいろ調べたりしました。プログラムやハード、専門用語などもたくさん調べました。でも全然わからなかったのです。他の人に聞こうにも、自分ができないことを認めているんだと、その時私は思っていました。だから誰にも聞けない状況で、凄く困っていました。このままだとチームに何も貢献できない。そんなのは嫌だと考えていました。そこから、どんどんできない自分が嫌いになり、活動中にイライラすることが増えました。やがて、活動を休むようになりました。休んでいる間に、メンバーがたくさん活動している写真や動画が送られてきて、罪悪感でいっぱいでした。

どのみち嫌な気持ちになるんだったら、やった方がマシ！と思うようになり、たくさん人から学ぶようになりました。そこから、ロボットの知識が入ってくるようになり、少し成長できたと思います。そして、どんどん自分でロボット制作をするようになりました。プログラムも自分で組んだりしました。それと同時にプレゼンの準備もしてました。凄く楽しい。このチームメンバーと活動できていることが最高でした。

でもそれは私にとって、オーバーワークだったみたいです。完全に体が疲弊してしまって、精神もボロボロでした。こんなことになってしまって、メンバーに申し訳ない。こんな自分に絶望してました。まだタスクが残ってる。やらなければ、私がここでやらなければ、みんなの役に立てない。満身創痍の中でも、活動をしようとしてました。

そんな時、家族に止められました。「そこまでやらなくてもいいんだよ。あなたが頑張っているのは十分わかるから」

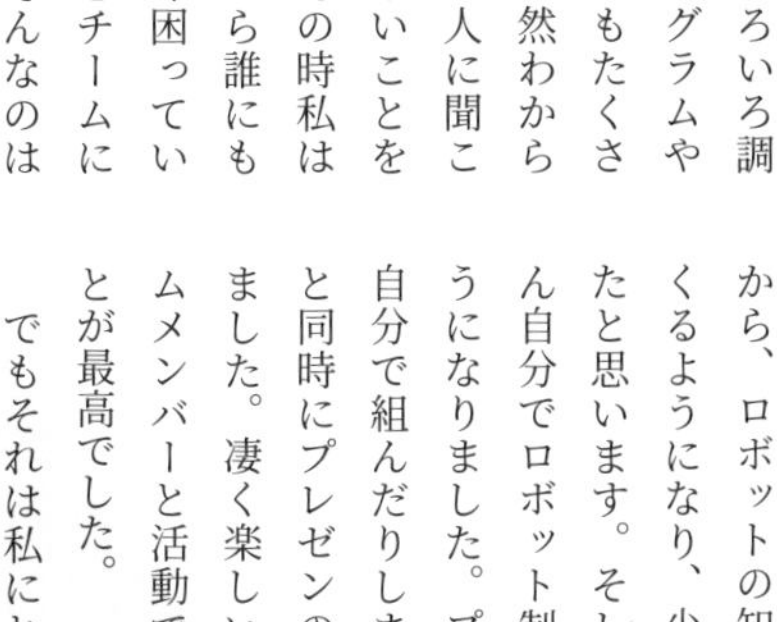

私はその時、我に返りました。そうだ。今は休んでもいいかもしれない。少し休もう。そう思って、メンバーに事情を話して休みました。みんな理解してくれてました。そのことは感謝してもしきれないです。

そして、少し精神が安定してきて、活動に戻るようになりました。休んでいる間にずっとチームやＦＬＬについて考えてました。

「私がすべてやるのではなく、私がみんなを動かせる人になるべき」と気づきました。もう高校1年生で、FLLに選手として参加できるのは最後。なら、今後も参加するだろうメンバーにすべてを託そう。彼らが将来活躍できるように教えられる人になろう。

そこから活動で、人を動かすようにしました。「何時から練習する?」「いつまでに完成させる?」「私はこう思うけど、あなたはどう思う?」とメンバーにたくさん問いかけをするようになりました。そして、彼らの主体性や積極性を育むために、たくさん意見を聞くようにしました。大会本番、私たちはここまでの活動の結果を出し切ろう。私たちならできる。そう思って、挑みました。

その結果、予選大会、全国大会共にコアバリュー賞受賞。TEAM NARIOKA Stella 最高で最強のチーム。

大会終わりにメンバーから「MVPはトミ姐です!」と言われた時、私は大人になったなと思いました。

5

元・親愛なる父親へ

（松子・18歳）

幻想の父親にさよならしたとき。目の前の母親へありがとうと言ったとき。

父が「単身赴任だ」と嘘をついて家を出てから10年。私は、父は死んだとずっと言ってきた。それだけではなく父が病気に気づいてから亡くなるまでのストーリーをこしらえて、脳内で再生したり学校をずる休みするときに使った。どん底の苦労話はおいしい、それで人が感動してくれたら丸儲けという考えを、私は幼少期から好きだった漫画家の西原理恵子の影響でもっていた。今もどこかで生きている父親を文章でころしていることに罪悪感なんてなかったし、むしろ父がいない寂しさ（憎くても嫌いにはなれなかった）を埋めるひとつの手立てだと思っていた。理想を描いているからゼロから全く新しいストーリーを書くよりもずっと楽しい。いつか面会のときにこっそり貰った父の名刺を大事に大事に持っているように、たまに窮屈な母方の実家での日常を凌ぐこともあった。そんな日々が10年も積み重なって、私は高校の卒業文集にまで父のことを書いた。傑作だと思った。受験のとき自分の疲れた顔が父似でびっくりしたこと、父譲りの粘り強さが合格まで引っ張ってくれたこと、合格のとき感じた父のいない寂しさ、やるせなさ。10年分の悲しみが一気に押し寄せた1年だが、両親の代わりに出願に付き添ってくれた先生たち、自分のことのように合格を喜んでくれた友人たち、そんな存在のお陰で10年分の悲しみを超えることができた。父の話で感動を誘いつつ学校関係者への感謝も忘れない。いい作品だと自画自賛していた。そう、これは作品なのだ。小説のようなものであって、私の物語ではない。これが文集に載れば学年主任がまた涙するに違いないとかそういうことしか考えてなかった。どういうわけか、いや、いずれ見せることになるんなら先に見せてしまおうと、母と夜ご飯を食べに行った日。卒業文集提出〆切の4時間前。私は母にその文章を見せた。母は私の文章をみてはじめて笑わなかった。今でも思い出したくもない。私は私の文章を読んで明らかに不機嫌になった母への怒りが湧いてきた。元はと言えば両親が離婚したことが悪い。私に父親がいないのが悪い。本当は私も「お父さんウザイ」とか言って笑いたかった。私のせいじゃないのに。なんで子どもの私がこんな思いまでして、10年間も嘘を重ねて、人生これから、これ以上の傑作ないんじゃないかってくらいのお話考えて自分を慰めきゃいけないんだ。怒りはだんだん惨めで可哀想な自分への憐れみでいっぱいになった。感情の暴走列車に乗っている気分だった。それでも私はかなり立ち直りが早い人間で、冷めた豚汁を飲みながら冷静に頭を巡らせていると、自分の気持ちに気づき始めた。何が一番嫌って、父親がいないことじゃない。私の創作の中心だった物語を、私の10年間を、否定された気分になったことじゃない。母が私の文章を読んで笑わなかったことだ。私はずっと「誰か」を笑顔にする文章が書きたいと言い続けてきた。父がいなくなった10年前に私は、長谷川町子という人に出会った。戦後でぼろぼろになった家庭から「誰か」を笑顔にしたいという強い意志で日本に笑いを届けた、サザエさんの作者。その姿が描かれた、夜9時から11時くらいの時間帯で流れていたドラマを見て、大号泣した。悔しいとか悲しいとか恥ずかしいとかそういう感情以外で泣いたのははじめてだった。この人が好きだ、こんな人生を歩みたい、そんな想いで泣いていた。そこからずっと「誰か」の笑顔を掲げて、文章を書いてきた。父親の嘘話は自分のため。ひたすらに。でも、自分よりももっと前にいる人の存在に、そのとき初めて気づいた。私は自分よりも母の笑顔がみたい。それはかたいかたいイコールで私の笑顔と繋がっていた。今みたいに言葉足らずで怒ることもあるけど、でも、でも、やっぱり誰よりも大切な人だった。その帰り道、寒い中、一列に並んで一緒に帰路に着いた。母は私がその文章を載せることは私の自由だと言った。でも私はあと3時間半でなにが書けるかと考えていた。頭の半分では。もう半分はその時は空っぽだった。それから、私はクラスメイトへの感謝を自身の孤独と共に綴った、即席の文集を送りつけた。入学してから私は3カ月に一度くらいのペースで卒業文集の下書きを書いてきた。文句だらだらでとにかく早く大学へ行きたいですと書いていた入学後半年の下書きもある。なのに最後の最後は全部ばらばらで、とりあえず足元に落ちていた言葉を拾い集めて不恰好なロボットを作るみたいに文章を書いた。今まで書いた文章の中でそれが一番気に入らなくて、やっぱり父のことを書いた卒業文集『悲しみを超えて』が最高傑作だった。しばらく落ち着いてからいろいろと考えた。父親がいなくても何一つ不自由を感じたことはなかった。食べたいものが食べれて着たいものが着れて行きたい場所へ行けて、大学への道も母がひとりでつないでくれたし、私がけいおうで恥かかないようにってSEIKOの時計とかプラダの財布とか、欲しいと言ってないのに買ってくれた。女ってこんなに強いんだって、母を見てしみじみ思っていた。男性の平均年収以上を稼いで、体育祭のときなんかガタイの良いお父さんたちの中に揉まれながら私の姿をビデオカメラに収めようと必死だった。憎くて憎くて仕方ない男を私が勝手に美化しまくっているとき、学費も養育費も払わない父を想っているとき、母は私のために働いていた。コロナの中も飛び込んでお客さんに頭下げて、飛行機がまた炎上したら最後の最後にしか出られない地位についていた。綺麗事で作った物語で人は生きていけない。母の怒りはそんなことを言っているような気もするし、何も考えていないような気も、する。私はないものねだり甚だしいあまりに、そばにあるものを笑顔にできなかった自分の幼さに腹がたった。いつまでも、生みの父親を恋しがっている子どもの私に、腹が立った。母の不機嫌と直面した日から私は、父親ウソ物語を再生しなくなった。したくなくなった、の方が正しい。現実に目を向けるようになった。素直に母に感謝するようになった。そしたら、どんなことも手を伸ばして絶対に夢を掴まなければと思えるようになった。好きなことでお金を稼ぎたい。なら、脚本も小説もエッセイもたくさん書いて、出されたお題にはちゃんと応えて……。

『毎日かあさん』で見た、アル中を克服して立派に帰ってきたおとしゃんや、『宇宙兄弟』で見た、娘を想い続け病気で亡くなった研究医のお父さんが、そのまま混ざって混ざって、私の「大好きなお父さん」になっていた。そいつを脳内から追い出して、私ははじめて自分のほんとうの物語を語り始める。ここからきっと、他の誰でもない、私が生まれる気がする。生物学的な誕生から脱して父親という執着から卒業して、前を見て近くの人に感謝して当たり前を有難いと思うようになって、足を伸ばして一人で空港へ行って、第3ターミナルで母の飛行機が落ちないように絵馬を書いてきた。羽田空港に一人で行ったんだよというと大人になったねえと言われる。でも、私が大人になったときはきっと、幻想の父親にさよならしたとき。目の前の母親へありがとうと言ったとき。

今回の「10代イコール」について

２０２４年2月、池袋のBidenという塾に通う5人の10代の若者に、「自分が大人になったことを自覚した時のこと」を書いてくださいと依頼しました。合わせて２０２４年2月にスマホで撮った写真も1枚つけてもらいました。（淵上周平）

寺院復興義援金のお願い

高野誠鮮（日蓮宗　本證山　妙法寺　四十一世住職）

本年元日に発生しました能登半島地震によって、神社仏閣に甚大なる被害が発生し、壊滅状態になっております。妙法寺では、棟瓦崩壊による雨漏りや、寺院内瓔珞落下、菩薩像破損、木蓮華崩壊、２天蓋落下などにより、甚大な被害をこうむりました。全壊してしまった同門寺院もあり、胸の痛い思いをしておりますが、被害を受けた田舎の１００軒足らずの檀信徒の方々だけでは復興には至らず、心苦しいのですが伽藍復興の為の義援金をたまわることができますように、伏してお願い申し上げます。わずかでも結構ですので、下記に義援金たまわりますようにお願い申し上げます。返礼はできませんが、復興できましたら、復興修繕奉告会を奉行し、神仏に御奉告させていただきます。

金融機関名　はくい農業協同組合　羽咋支店
口 座 番 号　普通口座　00515310051531
名　　　義　太田妙法寺義援金　代表　高野誠鮮

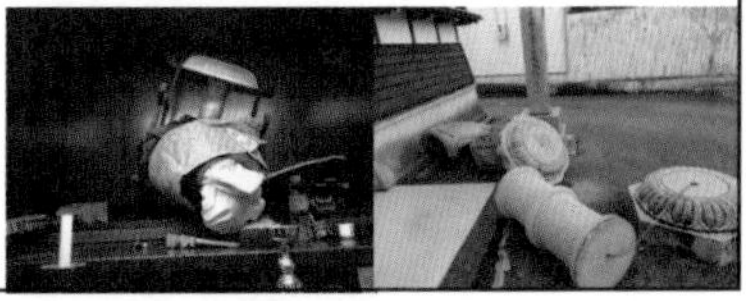

言葉の力塾

「新しいことから学ぼう、
不愉快なことから学ぼう、
小鳥のさえずりに耳を傾けよう」
（カナダ・トロントの移民向けの
英語教室ドアに貼られていたポスターの詩）

「言葉の力塾」は、自分にとって好きな「本」や気になる「言葉」や「文体」について共有し合うコミュニティです。深呼吸学部から生まれた小さな勉強会ですが、誰でも自由に参加できます。お気軽にのぞいてください。

詳しくは note の案内サイトをご覧ください。
https://note.com/ryuji5705/m/m83116a3decfe

こどもオモ部

地球に来たからには、へんてこを味わって帰らなきゃね。へんてこの奥に命の尊さを。命の尊さの隣にへんてこを。

山田スイッチ（青森）
コラムニスト。家に竪穴式住居があります。２児の母。

ピンヒールにぶっ刺した焼き鳥を、そのまま食ったりしてる。
うまいで！
ホンマかっ？
こういうの全部、こども達と考えるんですか？
せや！
作戦会議っていうんよ。
こんな感じでやるんよ
・おかし
・謝罪フルーツ
謝罪会見やりたい
フルーツ全部破壊する!!
なんでこんな活動を始めたんですか？
あんなー、こどもってなー、
残酷なまでにピュアで、シンプルで、賢いやろ？
JOE
すごいアホやし（ほめてる）一緒にいて楽しいし。
元気もらえるやん？
過去10年間のオモ部活動実績
オモ部では
いつもはできない面白いことが・・・!!
できる!!
ゴールばっかりのリレー
ゴール
ゴール
ゴール
おかしのプラネタリウム
めーっちゃいっぱいのスーパーボールとトランポリンで飛ぶ!!
土星のわっかでピクニック
ブラックライトで光る!!
流れ星をつかまえる!!
組体操「神」
ゴ
殺人現場づくり
etc. etc. 他たくさん!! youtubeより

だから オモ部は、
今までに誰も見たことのない、こども等のやりたいこと、実現させんねん!!
JOE
ホ
本気か〜!?
イベント経験者
こどもって一番大変やのに、やったことないことってめっちゃ…
しんどいやん!?
殺人げんば つくりたい…
ゴーッ
そな、やろか!?
プラレール周りに置こう!!
そんで毎回、芸祭《ゲイサイ》か!?ってくらい作り込みがすごい。
ブラックライト
流れ星、行くでー!!
土星でピクニック!!
大人もこどもも本気でないとできんやつ。
キャー!!
空気のつまった袋
光るアメのごちそうの
スゲエッ!!
宇宙旅行みたいだー!!
巨大な土星(ダンボール製)

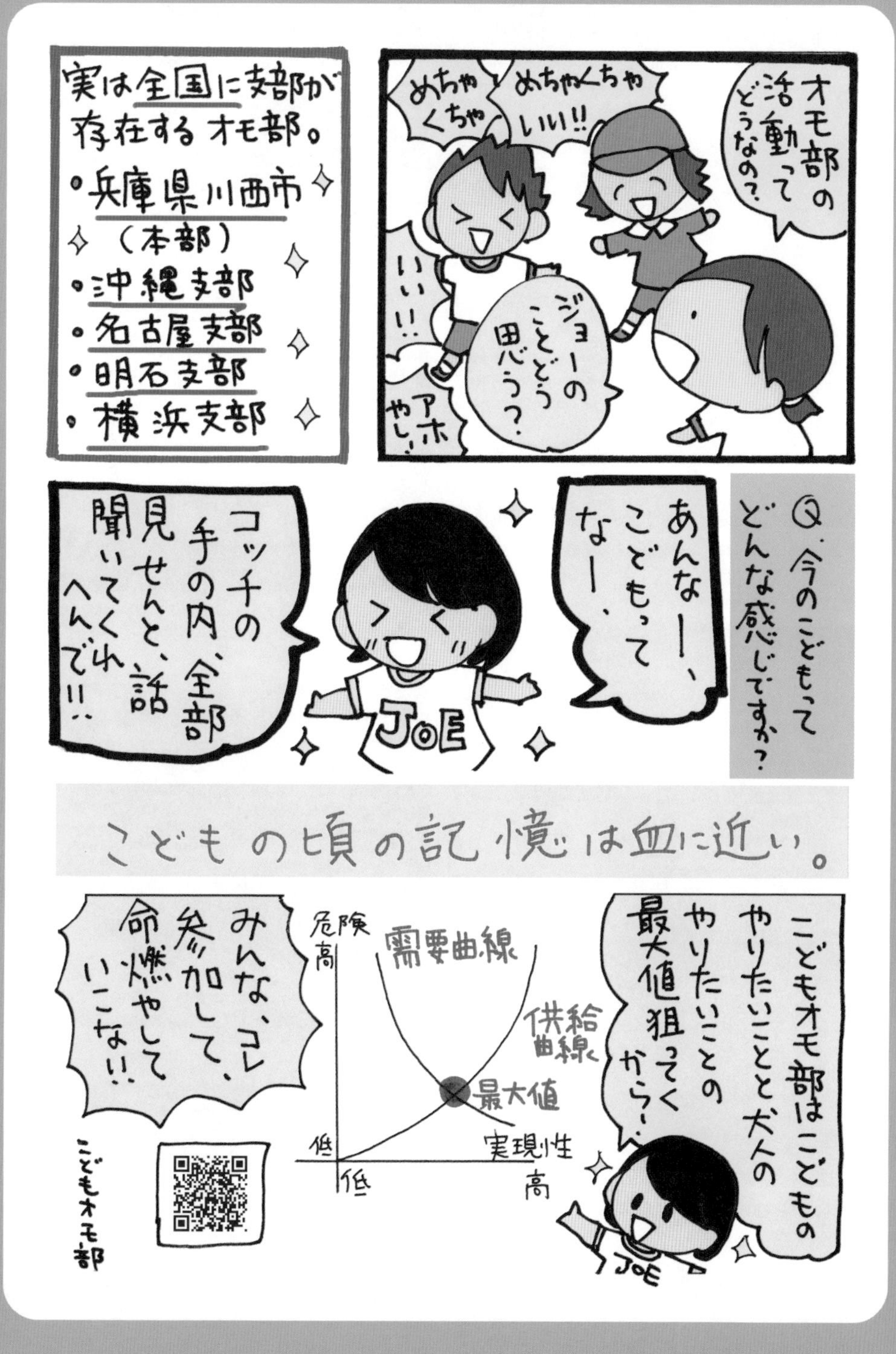
実は全国に支部が存在するオモ部。
・兵庫県川西市（本部）
・沖縄支部
・名古屋支部
・明石支部
・横浜支部
オモ部の活動ってどうなの？
めちゃくちゃいい!!
めちゃくちゃ
いい!!
ジョーのことどう思う？
アホやし、
Q.今のこどもってどんな感じですか？
あんなー、こどもってなー、
コッチの手の内、全部見せんと、話聞いてくれへんで!!
こどもの頃の記憶は血に近い。
こどもオモ部はこどものやりたいことと大人のやりたいことの最大値狙ってくから‥
危険
高
低
需要曲線
供給曲線
最大値
実現性
低
高
みんな、コレ参加して、命燃やしていこな!!
こどもオモ部

こどもオモ部は、こどもたちと一緒に
へんてこな遊びを考えて、本気で実行します。

あわあわランド！　ゲレンデ効果がありそうな泡のトンネル。

みんながダルマに目を入れれるように「目いっぱいつけたらええやん」って思いついたのは小６男子！　天才！

呪われないように真剣につくった殺人現場づくり。返り血をあびたプラレールが延々と死体のまわりを回る。シュール！

風船で空を飛ぶ！　飛んだと言うか落ちたというか……。落ちても、なんかみんな嬉しそう！　笑

https://hajimarino-kiiro.amebaownd.com/

人類の文化は紙のメディアと共に進んできた。これからも紙の役割と可能性は大きい

SCENE2 出版・印刷系

イラスト／満行琉唯（東京）小学２年生

2階の本屋の中田くん

福岡の小さな町で「本屋さん」の魅力に気づいた若者がいる。

中松寛子（福岡）
合同会社ＭＥ ＦＩＲＳＴ 企画・クリエイティブ担当

糸島市前原商店街の一角にある古い商店を改装したシェア書店「糸島の顔がみえる本屋さん」（通称「糸顔」）の、さらに店内奥の壁に「2F」とかかれたピクトグラムがライトアップされている。誘われるまま奥へ進み古びた細く急な階段を登ると、4畳ほどの小さな本屋「All Books Considered」が、暖かな光の中そっとたたずんでいる。ニッチでアングラな雰囲気をまといながらも、さりげなく不思議なオーラをまとう本屋の店主、大学生の中田健太郎くんに話を聞いてみた。

大学生と本屋のはじまり

きっかけは1階のシェア書店で本棚オーナーになったこと。30センチ四方の自分の棚に好きな本を並べ、月に一度店番に立ちます。本棚に自分が選んだ本を並べていると、自分の内面やアイデンティティを伝えているような気がしてきて、それが楽しくて。続けるうちに「もっと」と思うようになりました。「もっと」の正体がなんなのか、その当時は、はっきり認識していたわけではないんですが、「もっとおすすめしたい本がいっぱいある」って思ってたんじゃないかと。ぼく口下手なんですが、そんなぼくの自己表現が本屋だったんだと思います。

本をすすめるということ

今は本屋をしていますが、昔から本が大好きというわけでも、たくさん読んでいるというわけでもありませんでした。でも本屋は好きで。タイトルやジャケットを見ていると、著者の呟きのように感じるんです。「自分が伝えたいことはこれ」という気配を感じる。気になる本は、後書きや前書き、もくじを読むと、著者の思考や価値観に触れられている気がしてつい読んでしまいます。

先日も素晴らしい後書きに出会いました。『夢と生きる　バンドマンの社会学』（野村駿・著　岩波書店）という本です。内容は社会学について書かれてますが、後書きにはこの本ができるまでに出会った人のことや、謝辞が書かれています。読んでいるうちに、その様がライブハウスでバンドマンが最後に感謝を伝えるシーンそのもののような気がしてきて、この著者の世界観というか、気配を感じられたように思えて感動しました。

本を人に手渡す喜び

ぼく自身がすべて読みきっていない本をお客様におすすめすることもあります。そういう時は、その本に出会った時に感じた気配や、ぼくが感じた著者が伝えたいコンセプトをその人に伝えたくておすすめしています。

ここに来てくれたその人にとって、濃い読書体験になるであろう1冊を手渡せた時はすごく嬉しい。それがじわじわ考え方とかに沁みていって、少なからず取り返しがつかない変化をきたす。そんなふうに、その人の人生をほんの少し乱せたかもしれないと考えると、嬉しくなります。

本屋を立ち上げた人たちとSNSで繋がったりするんですが、リアルを閉めてオンラインに移行する人も多い。その気持ちはすごくわかります。毎日必ずお客さんが来るわけではないし、お客は来なくても家賃はかかる。ぼくの考えがジリ貧な発想だとも思うけれど、でもそれではぼくが本屋をやる意味からは離れてしまう気がして。いっぱい買ってくれるとかそういうことじゃなくて、仮に1回だけ1冊だけ買ったとしても、印象に残っている本を手渡したいんです。

「All Books Considered」
https://abooksc.base.shop/
福岡県糸島市前原中央3-2-14
MAEBARU BOOKSTACKS 2階

真崎守プロジェクト通信　第１回

真崎守――70年代を駆け抜けた風――

１９７０年代の時代情況を全力で駆け抜けた漫画家・真崎守。足跡と作品を追いながら70年代という時代を検証し、真崎守の作品をアーカイブしていくプロジェクトを開始する。

最中義裕（真崎守図書館・館長）

皆さんは、真崎守という漫画家をご存じだろうか。

２０２４年現在、ほとんどの単行本が絶版。漫画家として活躍した時代が大昔で、かつ精力的に作品発表した期間が10年程度と短いため、今日の知名度は低い。

真崎守は、１９４１年に横浜で生まれた後に岐阜県高山に移り、少年期を過ごす。中学生の頃から同人誌活動に参加。高校卒業後、大阪に移り、貸本漫画誌に投稿、掲載される。

１９６３年、22歳で上京し虫プロダクションに就職、ＴＶアニメの制作に関わる。また、１９６６年に虫プロから創刊された漫画誌『ＣＯＭ』で、峠あかねの筆名で漫画評論を展開し、「ぐら・こん」と呼ばれる漫画家予備軍全国組織を立ち上げた。

１９６８年に漫画家として独立、１９６９年から『はみだし野郎の子守唄』、『ジロがゆく』の発表を開始。前者は現代社会の閉塞状況下での人間の情念を逆説や隠喩を駆使して描き、後者は地方の中学生の鬱屈と葛藤を瑞々しい感性で描いた作品で、共に講談社出版文化賞を受賞した。

１９７２〜73年にかけ連載された『共犯幻想』はその映像表現において一つの頂点といえるが、その後、怪奇趣味や精神世界的な作品が増えていく。１９７８〜80年に『風漂花』『水滸伝』という集大成的な作品を発表するが、以降はアニメ界での仕事が増え、『はだしのゲン』『時空の旅人』などの作品で監督を務めた。

真崎守は、作品内容が１９６０年代終盤〜１９７０年代初頭の「あの時代」にインテリ読者層からの共感を得た同時代性に加え、言語・作画の両面においてさまざまな革新的手法を用いた作家であり、漫画史を語る上で欠かせない作家の一人である。

真崎守プロジェクト・運営
最中義裕（真崎守図書館・館長）
森　慶子（漫画家／真崎守の妻）
橘川幸夫（『イコール』編集長）

真崎守・書籍一覧

No.	書名	出版社	発行年
1	燃えてスッ飛べ（原作：永島慎二）	東京トップ社	1966
2	地獄はどこだ！	東考社	1970
3	はみだし野郎の子守唄	虫プロ商事	1970
4	錆びついた命	三崎書房	1971
5	ジロがゆく	三崎書房	1971
6	キバの紋章	朝日ソノラマ	1972
7	丈八しぐれ（原作：笹沢左保）	朝日ソノラマ	1972
8	ながれ者前史・仮弔封血	青林堂	1972
9	死春記	朝日ソノラマ	1972
10	共犯幻想（原作：斎藤次郎）	ブロンズ社	1974
11	はみだし野郎の挽歌	ブロンズ社	1974
12	ゆきをんな（脚色：宮田雪）	学習研究社	1975
13	エデンの戦士（原作：田中光二）	秋田書店	1977
14	白い伝説	青林堂	1977
15	花と修羅　1　連作／せくさんぶる	ブロンズ社	1977
16	男たちのバラード　連作／燃えつきた奴ら	ブロンズ社	1978
17	環妖の系譜（脚本：宮田雪）	ブロンズ社	1978
18	源氏物語	主婦の友社	1978
19	ナガレ　連作／砂と風	ブロンズ社	1978
20	ながれ者の系譜	ブロンズ社	1978
21	やく（原作：草川隆）	ブロンズ社	1978
22	風の伝説	主婦の友社	1979
23	残照	ブロンズ社	1979
24	初体験・せくさんぶる	ブロンズ社	1979
25	水滸伝（原作：久保田千太郎）	学習研究社	1979
26	漂泊の点景	ブロンズ社	1980
27	なぞのヘソ島（原作：橘川幸夫）	ありす館	1986
28	風漂花	五柳書院	1987
29	荘子	徳間書店	1993
30	老子	徳間書店	1995
31	ホモ・ウォラント（原作：平見修二）	学習研究社	2011

真崎守と私との個人的な関係

「ロック&コミックスの時代」の嵐の中で出会い、今、私のことを忘れてしまった真崎守

橘川幸夫（東京）
『イコール』編集長

（1）1969年の風

私が大学に入学したのは1968年で、賑やかな時代であった。全国的な学生運動の嵐の中でもあったし、1969年にアメリカでウッドストック（Woodstock Music and Art Festival）が起きて、日本でも日比谷の野外音楽堂で100円コンサートなどが行われていた。ロックは、それまでの歌謡曲や演歌の世界のような古い世代の大人たちの世界とは違い、若い世代が主役の世界的なムーブメントになった。

日本では、60年代にもうひとつ新しいムーブメントが起きていた。マンガである。1959年に創刊された『週刊少年マガジン』『週刊少年サンデー』は子どもたちの心を鷲掴みにして、発展してきた。1963年にテレビ放映がスタートしたアニメ『鉄腕アトム』はテレビが生活の中心になってくる時代の中で、アニメの可能性を強く印象付けた。

まさに「ロック&コミックス」の黄金時代の始まりに私は大学に入り、自由な時間を手にいれた。ロック喫茶に入り浸りになり、『ガロ』や『COM』といったマンガの可能性を深く追求した雑誌を読み漁っていた。

そういう時代の中で私の一番のマンガ家ヒーローは真崎・守であった。1969年に正式にデビューし『週刊少年マガジン』『月刊少年マガジン』『ヤングコミック』などの連載マンガを追いかけるようにして読んでいた。また正式デビュー以前の習作が掲載されている大人向けマンガ雑誌も、神保町の古本屋に高く積まれていた雑誌から探し出し読んでいた。

そして1970年に奇跡的に真崎さん本人と出会うことが出来、以来、私の最高の兄であり父であり師である関係を紡ぐことができた。

真崎さんのデビュー時のペンネームは真崎・守である。本名は森柾といい、古いアニメ仲間たちは「もりちゃん」と呼んでいた。本名を「・」を軸にしてひっくり返したのが「真崎・守」というペンネームになった。

そして1969年から1970年の半

ばぐらいまで、彼は疾走していた。それは私がロック雑誌の『ロッキング・オン』の創刊に参加し、ロックの新しさに震えながら時代を疾走していた時間と重なる。まさに「ロック&コミックス」の時代を一緒に走ったのだ。ちなみに、『ロッキング・オン』の3号と5号の表紙を真崎さんに頼んだ。当時売れっ子マンガ家だったが、ノーギャラである。本文の中でも、真崎さんといろいろ実験をしたし、真崎さんの愛弟子の故・本田義隆くんとも誌面でのコラボを重ねた。

ROCKIN'ON vol.3表紙（真崎守＋宮西計三）

私が全面投稿雑誌『ポンプ』を1978年に宝島社で創刊して、『ロッキング・オン』と二股になった頃、真崎さんはペンネームを「真崎守」に変えた。「もう、自分をひっくり返す必要はなくなった」と私に語った。60年代後半から、「ロック&コミックス」の新しい潮流に身を投げた者たちは、70年代半ばから、時代の変質を感じたのだと思う。「ロック&コミックス」は、大きな新しい産業になり、日本社会が戦後の混乱から抜け出して、管理されたビジネスの世界に進もうとしていたのだろう。

真崎さんは、精神世界や古巣のアニメの世界に戻っていった。私との付き合いは続いていたが、70年代初期のように頻繁に会って、お互いの時代意識の感覚を交換するようなことはなくなっていた。

(2) 近況報告

真崎さんは現在83歳。10年前から認知症が進行している。真崎さんと会ったのは10年ぐらい前だった。真崎さんと、斉藤次郎さんと、私の三人で食事をした。その時に真崎さんに言われたのは「オレもいろんな奴と長く付き合っているが、40年も付き合って一度も『この野郎!』と思ったことのないのは橘川だけだ。おまえは変な奴だなぁ」と。私は「だって、私はずっと真崎さんのファンだから」と答えた。私が「真崎さんの全集を私にやらせて」と言うと、真崎さんは「橘川のやることは全て許す」と言ってくれた。

先日、10年ぶりに真崎さんの奥さんの慶子さんに連絡をして、遊びに行きたいと伝えた。真崎さんはメールはダメなので、奥さん経由で連絡をしている。その時にはじめて認知症が進んでいることを知った。慶子さんからは、「橘川さんのことを覚えていないと思うので、会うと悲しくなるから会わない方がよい」とお断りの返事が来た。「いや、そういう状況なら、今すぐにでも会いたい」と返事をして、強引に訪問させてもらった。

久しぶりの、ひばりヶ丘は変貌していた。昔、真崎さんとよく会っていた駅前

の喫茶店もなくなっていた。昔の道は、畑が多かったが、今は全部住宅地。

真崎さんは、いつもの真崎さんだった。いつもの笑顔を見せてくれた。でも橘川のことが分からない。真崎さんとの思い出をたくさん語った。理解はしてくれなかったけど、確かに伝わるものがあった。私の大好きな真崎・守とおしゃべりした。何も語ってくれないけど、半世紀前の新宿や池袋やひばりが丘で、おしゃべりした時と同じ空気が漂った。それだけで私は幸せである。

真崎さんと一緒に作った絵本『なぞのヘソ島』があったので、二人で読んだ。AIクリエイターのかふあさんが作ってくれた、絵本のアニメも見せた。新しいものが大好きで「マンガにコピー機を使ったのは俺が初めてだ」と言っていたし、鉄腕アトムのアニメの初代進行係の時に新しい技術を開発したことも昔教えてくれた。

真崎さんの作品は、私が整理してまとめると奥さんに伝えた。奥さんから古いスクラップを見せてもらったら、10代の少年真崎守の作品だった。コミケの源流であるグラコンを仕切っていたのは真崎さんである。そうした文化的側面からも、全部まとめる。

帰りに、ソファから立ち上がらせようと抱き上げたが、足がしっかりしていなくて、また横になってしまった。仕方ないので、そのままにして、真崎さんに手を振りながら、玄関に向かった。そしたら、真崎さん、全身を使って大きく手を振ってくれた。笑顔で大きく。玄関を出たところでたまらなくなった。真崎さん、また遊びに来るね。

（3）真崎守プロジェクト開始

帰ってから早速、10年前から「真崎守図書館」のサイトを一緒に運営している真崎守研究家の最中義裕さんと連絡を取り合い、森慶子さんと3人で「真崎守プロジェクト」を開始した。まずは著作物の整理を行い、未発表の資料も整理して真崎守全集を作る。

深呼吸書店

書評

①『校長の力　学校が変わらない理由、変わる秘訣』 安居長敏

②『マイパブリックとグランドレベル』 内山隆

③『さよならに反する現象』 西田 彩乃

④『「まちライブラリー」の研究』 地藏真作

⑤『十年ゴム消し』 永原雅之

⑥『SINIC 理論』岡本栄理

⑦『うつヌケ』 具志一朗

⑧『刀伊入寇』 栗原務

⑨『ゲームは「動詞」でできている』 大森滋

⑩『ジュリーの世界』 赤尾晃一

⑪『影の越境をめぐって』田原真人

⑫『生成 AI 推し技大全』 森嶋良子

⑬『次世代パンデミックに備える―感染症の文明史』 渕上周平

⑭『味なニッポン戦後史』 亀田武嗣

⑮『不完全な司書』 佐野浩子

⑯『ミノタウロスの皿』 山田博美

改革の決め手はこれだ
「壇上のエラい人」の知られざる業務、権限、力関係
麹町中の前校長がすべてを明らかに!
教員も保護者も必携! 永久保存版テキスト
中公新書ラクレ

中央公論新社

書評

『校長の力　学校が変わらない理由、変わる秘訣』
工藤勇一
定価 968 円

学校教育の現場で、最前線の改革を進めている工藤勇一先生の最新報告。

『校長の力　学校が変わらない理由、変わる秘訣』

千代田区立麹町中学校の校長として6年間、宿題や定期テストの廃止、固定担任制や校則の改廃など、学校の「当たり前」をなくす教育改革を行い、注目を集めた工藤勇一氏。2020年より私立横浜創英中学校・高等学校に移り、校長として学校改革に取り組んでいる。

そんな工藤氏がこれまで発信してきた学校改革実践を踏まえ、そのベースにあった教育者としての思いを「校長」という立場から見つめ直し、学校のリーダーとしての必須要件を再構成した最新刊。

麹町中学での「民主的な学校をつくる」ための改革や、現在進行中の横浜創英における「学びの大転換」の根底には、自律する子どもを育て、対話を通じて合意する力を育んでもらいたいという最上位目標がある。

工藤氏が大事にしている「学校」の在り方や「校長」の役割に共感する教育者は多い。ブレない信念と実績に裏付けられた行動指針は、未来の教育を語るリーダーそのものだ。

工藤氏が横浜創英でめざしている、授業をすべて教師主導から学習主体に切り替え、生徒が学習内容や学び方を自己選択、自己決定できるしくみは、私が校長を務めているドルトン東京学園の学びとよく似ている。受験を考えている親御さんからも、「めざす方向がよく似た学校ですね」と言われることも多い。

過去の成功モデルをトレースし、画一的な知識を詰め込む時代は終わっている。従来型の学校から、新たな学びを実装する学校へ。自律した子どもを育てる学校づくりは待ったなしだ。

安居長敏（東京）
ドルトン東京学園 校長

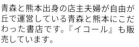

書評

晶文社

『マイパブリックとグランドレベル』
田中元子
定価 1,800 円

パーソナルとパブリックが地続きでからまりあう「グランドレベル」の世界。

『マイパブリックとグランドレベル』

内山 隆（北海道）
うまれる∞エンパワメント（ワンダーコーチング）代表

ある休みの日、駅への道を歩いていると、いつもは閑散とした公園に人の賑わいが湧いている。ん？と樹のそばに近づいていくと、水色と白の縞々の小さな屋根の一人サイズの屋台だ。看板に「WELCOME FREE DRINK」。「え？ 無料？ 新商品の宣伝？ 無料ならいいか」と列に並ぶと、金髪のお姉さんがゆったりと愉しそうに珈琲を淹れている。おしゃべりを聞いているとこれは宣伝ではなく「趣味」らしい。列の人同士もみんなリラックスしていて、僕も空なんて見ている自分に気づく。「本当に無料なんですか？」番が来てお姉さんに尋ねると「もちろんですよ」と本当に楽しそうに応えてくれる。「この『まち』って素敵なところだったんですね」と口に出してしまうと、「次はあなたがやってください！ わたし遊びに来ますよ」と彼女は言い、僕はちょっとワクワクした。

彼女＝田中元子によると「パーソナル屋台」。「野点以上、屋台未満の何か」で、彼女の「趣味」である。趣味とは「自分を幸せだ、楽しい、と感じさせるためにする無為の能動的な行い」で、自分を満たし、第三者との交わりを楽しみ、ゆえに社会や世の中にも役立ち、幸せな人が実際増える。そう、これは「公共」だ。与えられるものではなく、自分から作るのだ。これを「マイパブリック」と彼女はいう。そしてパーソナルとパブリックが地続きにつながりあい、かかわりあい、からまりあうのは、同じ地面の目線の高さで起こっているから。これが「グランドレベル」。何気ないことのようで、地動説のように「まち」づくりの認識がガラッと変わるとんでもなく楽しい書です。ぜひみなさんの最寄りの図書館にも入れてもらうか、図書屋台を作りましょう！

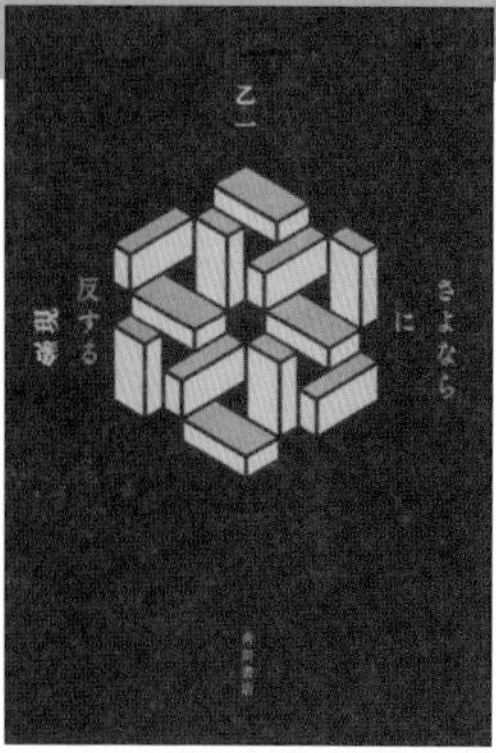

『さよならに反する現象』
乙一
定価 1,760 円

書評

殺された少女の視点から描いた、後味の悪さが魅力の一冊を味わって欲しい。

『さよならに反する現象』

わたしが作家乙一を知ったのは、『週刊少年ジャンプ』の誌面であった。殺された少女の視点という独特の視点から書かれたミステリー、そして17歳のデビューというのは本の虫であったわたしにとって衝撃の出会いだった。

今回、紹介する『さよならに反する現象』は、作家25周年を記念した5編からなる短編集である。そのなかから「家政婦」という小説を掘り下げたい。

さて、その前に乙一さんの作風というものは淡々と続く日常生活の記録である。そこに奇妙が入り込んでくる。登場人物は奇妙さに直面し、少しずつ感情が増幅されて被害妄想や疑心暗鬼により、物語は山場に向かっていく。

「家政婦」は、親の脛をかじっていた女性が、親の紹介により作家先生とひとり息子が住む家に住み込みで働くことから始まる。嫌ならすぐに辞めていいとナイスミドルから言われ、仕事ぶりを評価されるのかと主人公は緊張するが、懸念されていたのはその家が霊の通り道になっており、死を迎えた霊魂があの世に行く前に通るというオカルト現象だった。

霊魂に見えていると気付かれたら付き纏われるから、徹底的に無視するように教えられ、泣き叫ぶ赤子の声や首に痣のある少女の霊を独り言で誤魔化しながら生活は続いていく。そして、主人公は少女の霊の死の真相に辿り着くのであった。

読後感に残る後味の悪さが秀逸な一作であった。ぜひ、最後まで読んで後味の悪さを味わってほしい。

西田彩乃（東京）
自由業

みすず書房

書評

『「まちライブラリー」の研究』
礒井純充
定価 2,600 円

日本中に広がっている私設図書館の提唱者による実践記録のリアル。

『「まちライブラリー」の研究』

「まちライブラリー」とは、誰でも始められる私設図書館活動である。まず場所を作って、本を持ち寄ってもらえれば、どこでも「まちライブラリー」が出現する。すでに登録件数は1000カ所を超えている。本書は、提唱者の礒井純充氏による活動記録である。

現代の社会システムの根本的な問題は「人を中心としていない」ということだという問題意識から始まった「まちライブラリー」。

自らが主導して学びの場を増やそうとしていた試みが、いろいろな人との出会いの中で、彼らをサポートする形へと変わっていく。人が主役となる社会がそこにはあった。

まずは始めてみる、無理に続けなくてよい、という著者からのメッセージは非常にシンプルで力強い。

しかし、この本で書かれていないことがある。それは、個々の存在が多いほど、逆に「まちライブラリー」という共通項が必要になるということだ。

個々の活動は小さく、狭い。だが、「まちライブラリー」という旗印があることで、他者の活動も知り、自身の幅も広げることができる。「まちライブラリー」は個々の活動を強化する孵化器なのである。

今、「みんなの図書館」「きんじょの本棚」など、読書に関する多様な活動が日本各地で行われている。

旗を揚げ、個々を強化するという方法論は「まちライブラリー」が実証した。すでにある集まりに参加してもよいし、自分で旗を立てるのも楽しいだろう。

本のある場所の未来は明るい。

地藏真作（埼玉）
リブライズ合同会社 代表社員

河出書房新社

『十年ゴム消し』
忌野清志郎
定価620円

書評

丁寧に過去を終わらせることで、真っ白な未来に進むことができる。

『十年ゴム消し』

本書は日本のロックシーンに大きな足跡を残した忌野清志郎が70年代に書いた日記やノートの書き込みをまとめたものである。70年代とはどういう時代だったのだろうか。ロックの世界ではビートルズの解散で幕を開け、ハード・ロック、プログレッシヴ・ロック、グラム・ロックなど、多様な音楽性が発展したロック黄金期ともいえる時代である。日本国内では、よど号ハイジャック、三島由紀夫の割腹自決、連合赤軍事件など従来の価値観を一変させるような出来事が連発していた。

かまびすしい世相の中、忌野清志郎が書いていることは徹底して半径5メートルのことだ。清志郎は当時フォーク関係の評論家に「ラブ・ソングばっかりだ」と批判されたことに対して本書の中でこう綴っている。

「こむずかしい理屈をこねたりしている歌なんて、最悪。単純なラブ・ソングこそ、最高なのに。つまり、フォーク関係の音楽評論家なんて、えらそうなことばっかり言って、実は、人を好きになったことなんてないような奴ら」

学生運動の余韻が残り「詩は見るが歌は見ない」うわべだけの年長世代にいらつきながら、恋人や友達との出来事をクスっと笑ってしまうような表現で書いている。

何もなかったかのように転向し、変わりゆく世の中で『十年ゴム消し』は真っ白に何もなかったことにするのではなく、丁寧に消しゴムをかけ、新たに「何か」を書き始めれば良いじゃないか。そういうメッセージを感じる作品だ。

永原雅之（東京）
株式会社QANDO CEO

SINIC理論
過去半世紀を言い当て、
来たる半世紀を予測する
オムロンの未来学
中間真一
先行きの見えない時代、
でも、安心してほしい
明るい未来は
すぐそこにある
100万年の人類史を俯瞰して導き出した
2022年以降のシナリオ

日本能率協会マネジメントセンター

書評

『SINIC 理論』
中間真一
定価 2,300 円

70 年にオムロン創業者の立石一真が展望した未来が現実化している。

『SINIC理論』

SINIC理論は、オムロン創業者の立石一真と同社の中央研究所メンバーによって構築された、未来を展望した未来予測理論のこと。1970年、大阪万博の年に発表されたこの未来予測は、驚くほどの精度で未来を言い当てていると今話題になっている。

SINIC理論によると、2024年現在は「最適化社会」の最終盤。最適化社会は新旧社会OSがぶつかり合う、非連続な大転換時代といわれている。個々人が最適な職に就くことを求めるがゆえヒエラルキー組織が機能しなくなり、成長社会から成熟社会への価値観の転換など、まさに現在進行形の変化・摩擦を肌で感じている。

そして2025年からは「自律社会」が始まるとされている。自律社会とは、個々人が自立し、創造し、連携することで個性・共生・共創が生まれる未来可能性あふれる社会だ。奇しくも2025年には大阪・関西万博が開かれる。私はこの万博という機会を日本のブースターにしたいと考え、一般社団法人demoexpoの理事を務め、「街が万博を勝手に使い倒す」ことを全国に広げて回っている。この突飛な勝手活動に、北は青森から南は鹿児島まで、「自分の街を良くしたい！」と思うプレイヤーが共感し立ち上がり、それぞれ自立的に活動を進めながらも、他地域と連携しながら共創的にプロジェクトが進んでいる。まさに自律分散型、自律社会のチームのあり方。

ものごとに意味付けをするのは人間。2025年に万博が開催される意味をSINIC理論と重ね、より良い未来を描いていきたい。

岡本栄理（東京）
株式会社オカムラ　働き方コンサルティング事業部

一般社団法人 demoexpo

『うつヌケ』
田中圭一
定価 1,100 円

書評

「うつ」の体験者が「うつ」のトンネルを抜けた人たちの声を聞いた。

『うつヌケ』

著者の田中圭一さんは、サラリーマンと漫画家の二足のわらじを履いて活動していました。しかしある日、うつ病を発症してしまいます。目にうつるすべてが灰色で、音楽も楽しめず、脳みそが寒天に包まれたようにぼんやりする日々。つらさのあまり、自殺まで考えてしまいます。しかし、ある日、一冊の本との出会いをヒントに「うつってなんだ?」とつらさを捉え直しはじめます。そこで、うつ病は悪いことではなく「無理するな」という肉体から発せられる非常ベルである、と気づくのです。その気づきから田中さんは「うつヌケ」の可能性を実感し、次第に生活に色や音、感動を取り戻していきます。

一度、うつのトンネルにハマり、そこから抜け出したからこそ、この経験と同じように「うつヌケ」した人たちのインタビューを漫画作品にしていこうと決心します。

インタビューを受けた方々は、有名無名、ビジネスマンからクリエイター、アーティストなどさまざまです。それぞれ原因や症状も違います。そういう個別性の高い病気である、ということを知っておく。それだけでも、役に立ちます。

田中さんの描くキャラクターのタッチが、一見重くなりそうな話をポップで受け入れやすくしているのもポイントです

昨今、うつ病も珍しい病気ではなくなりました。現代社会をサバイバルするために読んでおきたい一冊です。

具志一朗（沖縄）
タクシー運転手

実業之日本社

『刀伊入寇』
葉室 麟
定価 639 円

書評

遅まきながら、NHK 大河ドラマ『光る君へ』を見て、平安時代にハマった。

『刀伊入寇』

平安時代にハマっている。なぜか？　そう、今年の大河ドラマ『光る君へ』の影響だ。

恥ずかしながら、古文の成績も悪く『源氏物語』も未読、文学女子なら必読のコミック『あさきゆめみし』さえ読んでいないにもかかわらず、である。

ただ、優れた作品の特長の一つとして「オリジナルに接していなくても、その創作の背景を感じて」作品の世界観に感動するという面はあると思う。もちろん、原作の偉大さは当然のこと。

その流れで昨年の10月、たぶんドラマの番宣の一部だと思うが、NHK（BS）で放送された『英雄たちの選択』「暴れん坊公家 平安朝を救う藤原隆家 刀伊の入寇事件」という番組を見た。

そもそも元寇の255年前に、そのような事件があったことも知らなかった（なんという無教養）。

それはさておき。「天下の荒くれ者」として有名だった藤原隆家の生涯の面白いこと。ドキュメンタリーで「血沸き肉躍る」感想というのも珍しい。すぐに本書「藤原隆家の闘い　刀伊入寇」を注文し一気に読んだ。

栄華を極めた平安時代に、公家に似合わぬ荒ぶる心を抱えた主人公が朝廷で繰り広げられる権力争いをよそに、下向した九州で襲来した異民族との熾烈な闘いで見事に打ち勝つ。痛快無比の戦記ロマンだった。

大河ドラマでお馴染みの道長や安倍晴明も出てくる。ただ、そのきらびやかな世界とは全く別のストーリーが、日本列島の片隅で同時進行していたというのも歴史の面白さではないだろうか。

栗原 務（東京）
会社員

デメ研

書評

『ゲームは「動詞」でできている』
監修・田尻 智　著作・浅野耕一郎　イラスト・田中圭一
定価 3,000 円

動詞を掘り下げることは、人間にとっての遊びの意味を理解すること。

『ゲームは「動詞」でできている』

大森滋（東京）
株式会社ゲームフリーク 開発本部長

本書では「新しいゲームを考える時、どこから考えればいいのか？」という問いに、「動詞」から考えるんだ、と簡潔に答えている。

昨今のゲームはストーリーやキャラクター、広大なフィールドなど、さまざまな要素が含まれるため、「動詞からゲームを考える」といわれても、直感的には理解できない。

だが読み進めていくと、動詞によってゲームが組み立てられていく様が、シンプルな言葉でまとめられていることに驚く。

内容は非常に実践的である。例えに使われるのはひと昔前のゲームだが、単純なゲームであるために動詞が分かりやすく、理解を進めていくことで現代のゲーム開発においても応用できることが分かる。

最近のゲームは表現力が向上し、遊びも複雑で、遊びの根本を探すことが難しい。この本はその根本を動詞として捉え、細部にわたり動詞を分解することで、遊びの本質に迫ろうとしている。

動詞を深く掘り下げていくと、サッカーや野球等、スポーツや遊びの歴史に触れることにもつながる。スポーツという遊びは動詞の集合体だ。それがなぜ今のような形になったのか？　サッカーはなぜボールを蹴るのか？　野球はどうしてバットでボールを打つのか？

動詞を掘り下げることは、遊びの歴史を理解し、人間にとって遊びとは何かを理解することにもつながってくる。

本を読み終えた後、普段遊んでいたゲームやスポーツがいつもと違って見えてくるかもしれない。それは遊びを動詞として捉える観察眼を手に入れた証でもある。

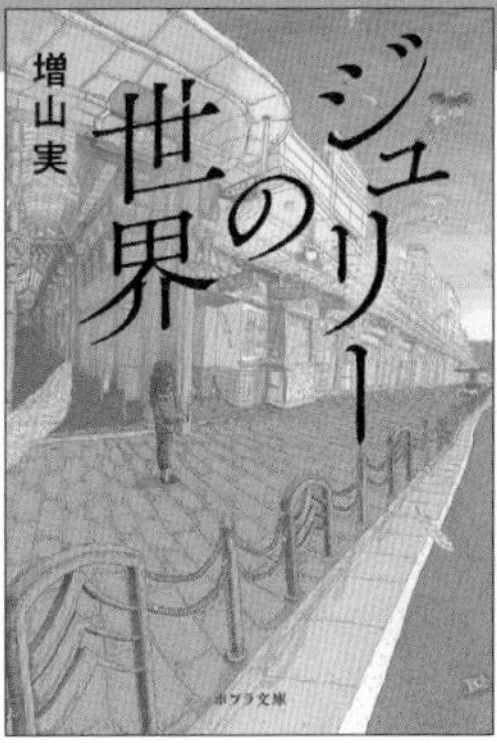

ポプラ文庫

『ジュリーの世界』
増山 実
定価 780 円

書評

京都の町の伝説の浮浪者「ジュリー」は、多くの人に物語を残した。

『ジュリーの世界』

1984年、太平洋側をしばしば「五九豪雪」が襲った。2月5日、京都北山に新雪が積もった日、暇な大学院生だった僕は八丁平に行った。帰り道、大悲山峰定寺近くの林道で一頭の鹿が死んでいた。狩猟ではなく、病死のようだった。

それから数日して、「河原町のジュリー」の訃報が京都新聞に掲載された。同じ日、円山公園内の祇園祭山鉾収納庫前で凍死しているのが発見されたらしい。

「河原町のジュリー」は七〇年代に京都の繁華街を訪れた人は必ず目撃していた、伝説の浮浪者である。垢と脂でテカテカの長髪、黒い背広、裸足のいでたちで三条・河原町・四条・寺町を無言でのっそりと徘徊していた。蛸薬師にある電器店の街頭テレビで、彼と一緒に大相撲を観戦していたことを強く憶えている。

「河原町のジュリー」は都市伝説の宝庫である。目撃者は各自で「彼はなぜここにいるのか」を想像して物語を紡ぎ、「聖人」化した。ネットには百人百様の物語が溢れている。僕と同時期に同じ大学に通っていた増山実は、取材を積み上げて、増山なりの「ジュリー伝説」を小説化している。

僕にとってジュリーは、北山の精霊が具現化した「マレビト」である。自然と共生する京都の街の象徴でもある。同じ日に大悲山で死んだ「鹿」の化身だったかもしれない。増山実の小説がジュリーのイメージを固定化してしまい、「定説」となってしまうのは、ちょっと淋しい。僕もいつか自分なりのジュリーの物語を紡ぎたい。

赤尾晃一（静岡）
三方亭良々店長

次号から『テクノ』をテーマに連載開始予定！お楽しみに！

佐藤大（ストーリーライダーズ）

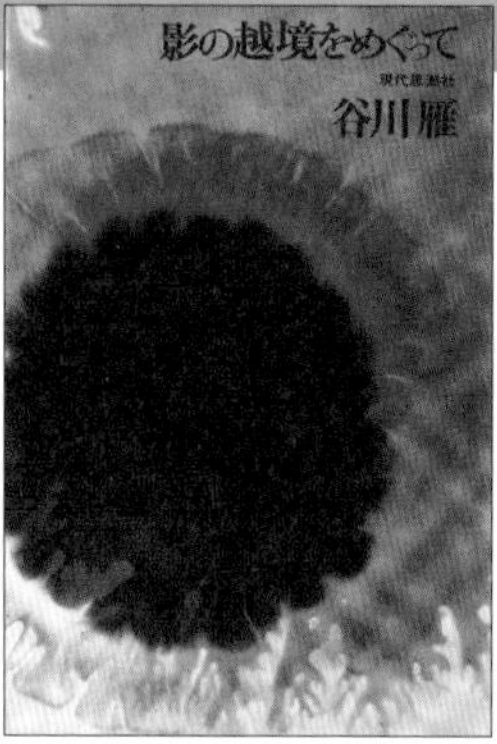

現代思潮社

『影の越境をめぐって』
谷川雁
定価　不定

書評

激動の戦後社会の中で行動した思想家の言葉から、今、何を学ぶか。

『影の越境をめぐって』

戦後、焼け野原から再スタートするときには、さまざまな社会の可能性があったのだろう。次の社会のイメージを思い描いた思想家や活動家の取り組みのほとんどは挫折し、高度経済成長へと向かう社会が現実化した。次の社会の予感を詩で表現した詩人、谷川雁は、1960年に「私の中の『瞬間の王』は死んだ」として詩を書くことをやめた。その後、炭鉱労働者の間で活動しながら、「大衆に向かっては断固たる知識人であり、知識人に対しては鋭い大衆である」という工作者の思想を展開する。本書は、1963年に書かれた評論集であるが、コロナパンデミックで近代社会の崩壊が見えてきて、さまざまな未来イメージの模索が行われている今と状況が酷似している。

『影の越境をめぐって』に収録されている「筑豊炭田への弔辞」の冒頭で、谷川は次のように述べる。

「この世には様々な死があるという思想と、すべての死は犬死であるよりほかはないという思想が、けんかもせずに同席できるのは通夜の晩だけだ。いずれにしろ生き残っている者が死について語るのはすでに大きな背理でありこの背理を犯している気ままなおしゃべりに顔をしかめない陽気な死者があるとすれば、それはかれの生があまりに苦すぎたからであるにちがいない。」

両極の間を振動しながら言葉を生成する谷川の方法は、分かりやすい「正しさ」に収束する近代を越えていく可能性を秘めている。

田原真人（茨木）
デジタルファシリテーション研究所・所長

株式会社インプレス

書評

『生成ＡＩ推し技大全』
田口和裕 / 森嶋良子 / いしたにまさき
定価 1,700 円

生成 AI は「習うより慣れろ」。まずは実際に触ってみるのが一番だ。

『生成ＡＩ推し技大全』

２０２２年の夏、Stable Diffusion や Midjourney の公開によって生成ＡＩは一気に市民権を得た。描いてほしい絵をことばで説明するだけで、あっという間にプロ並みのイラストや、写真と見間違えるようなリアルな画像が作れてしまう。そしてその年の11月にはChatGPTが登場する。これまでの対話型ＡＩと違い、同じセリフの繰り返しや応答拒否をせずまともな会話が成立する。何か答えてくれる。

しかしいち早く試してみた人たちからは落胆の声も聞かれた。美少女を描いてもらったら指が８本生えていたとか、実在の人物についてChatGPTに聞いたら嘘のプロフィールを答えた、などである。いままでコンピュータは正しい答えを教えてくれるものであった。ネット検索の結果に嘘が混じっていたとしても、誰かが作り出した情報を表示するという意味では「正しい」ふるまいなのだ。しかし生成ＡＩはざっくりいうと過去のデータから「学習」して新たに情報を作り出す。その価値を理解し、使えるようになるには、長い間に染み付いた検索脳や手順脳から私たちのほうが脱却しなければならない。

そのためには実際に触ってみるのが一番だ。とにかく習うより慣れろ、である。本書では生成ＡＩを使ったアイデアをジャンルを問わず紹介している。掲載された入力例をそのまま使ってもおもしろい。なぜなら試すたびに出力例とは違う結果になるからだ。そして使ううちに新しいアイデアが浮かんでくるだろう。そうなればしめたもの。実はこの書評を書いているのは著者の一人なので自薦になるが、とっかかりとしては最適だと自信をもって言える。

なお指やプロフィールのエピソードはＡＩの急激な進化により過去の笑い話になりつつある。進化の過程もぜひ目撃してほしい。

森嶋良子（東京）
編集者・ライター

A&F BOOKS

『次世代パンデミックに備える』
井上 栄
定価 2,200 円

書評

人類に大きな厄災をもたらした感染症と。どう付き合っていくのか？

『次世代パンデミックに備える』

コロナ禍でベストセラーとなった『感染症 増補版』(中公新書)の著者、井上栄氏(国立感染症研究所名誉所員、大妻女子大学名誉教授)による、感染症を軸に人類史を読み直し、今後起こりうるパンデミックへの備えを考察した本書は、紀元前のエジプトからコロナ・パンデミックまで、感染症という目に見えない〝敵〟に対し人類がどう渡り合ってきたのかを、医療・科学・公衆衛生史のわかりやすい解説とともに紐解いていく。

エジプト文明におけるマラリア(かのツタンカーメンの死因もマラリア)の流行は、都市という人類の発明の負の側面のはじまりを示す。中世に大きな災禍をもたらしたペスト菌は、モンゴル軍がアジアから中東、東欧まで遠征した際、人と共に移動したネズミとノミによって広がった。そこから黒海と地中海の海運を担っていた奴隷たちの漕ぐガレー船によって全ヨーロッパに拡大し、最終的に4000万人を越えたペストの死者は文明の被害者ともいえる。インカ帝国を滅亡に導いた要因でもある麻疹と天然痘は、スペイン人による侵略によって持ち込まれ、日本で江戸末期に大流行したコレラも、そもそもは長崎に入港した米国船がはじまりだったという。都市の発生、人間の移動と交易(資本主義)の拡大、自然と人間の距離といった、人類の歴史を動かす最重要テーマが、感染症と極めて密接に結びついていることがスリリングに示されていく。著者は最後に〝敵〟との付き合い方を小さく伝えてくれる。感染症の原因になりうる微生物は、空気、水、土、動物の中、そして人間の体内と、あらゆるところに偏在している。人間vs微生物、という対立で、〝敵〟を殲滅し清潔な環境をつくることは、かえって人間を弱くすること。〝敵〟との闘いではなく、〝共生〟の未来がうっすらと見えてくる一冊。

淵上周平(東京)
株式会社シンコ

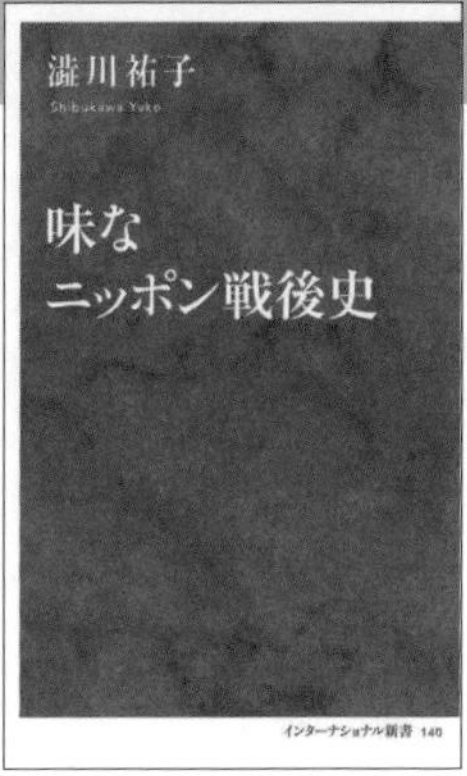

集英社インターナショナル

書評

『味なニッポン戦後史』
澁川祐子
定価 880 円

戦後の食生活の記憶や風景を、今の私たちに思い出させてくれる本。

『味なニッポン戦後史』

亀田武嗣（東京）
デジタルメディア研究所　主任研究員

著者の澁川さんと自分は15歳違い。この15年間は本書『味なニッポン戦後史』によると食の常識がかなり異なっているようです。

自分が子どもの頃、買食いしていた駄菓子屋は、人工甘味料や合成着色料が当たり前、うま味調味料は頭が良くなるからと食卓に必須でした。澁川さんは「おわりに」で述べていますが、御母堂様の手作りスイーツがおやつ、化学調味料は食卓に存在しない食生活。

青森県八戸市に日本全国の百貨店催事で引っ張りだこの料理人、谷口圭介さんという知人がいます。1956年生まれ。彼はブログで鯖の味噌煮開発の苦労談を語っていますが、昔は砂糖が高額だったので人工甘味料を使って鯖の味噌煮を作っていたので、砂糖や味醂を加えて鯖の味噌煮を作っても、上品な甘味にはなるが鯖の臭みが残り、昔の母の味を再現することができなくて苦労したと。

おふくろの味、懐かしい味は生まれ育った環境によってそれぞれ当然違います。そしてその背景には、生まれた時代が大きく影響していることが本書で理解できます。

自分の世代は塩化ナトリウムと人工甘味料、そして化学調味料が食の基本になっていたのだと改めて認識したのでした。

澁川さんが丁寧に調べてくれた本書は、その名の通り戦後食文化を知りたい人には最適な本であり、同時に自分にとっては懐かしい子どもの頃の記憶を呼び起こしてくれた素敵な本です。お新香に振りかけられた化学調味料がキラキラと輝いていた食卓の風景を、久しぶりに思い出させてくれたのです。

不完全な司書
青木海青子
本は違う世界の光を届ける窓
図書館は人と人の出会いの場
司書の仕事はケアにつながる
奈良の山村で私設図書館を開いた司書の日常を綴るエッセイ

晶文社

書評

『不完全な司書』
青木海青子
定価 1,700 円

活字になることで確かめられる証しと、他者への想いと、私たちの声。

『不完全な司書』

奈良県にある私設図書館「ルチャ・リブロ」。古民家に、夫婦と猫と犬が暮らし、時にそこは図書館になる。司書の青木海青子さんは、自らを「不完全な司書」と名乗る。「精神障害を抱えながら、誰かの課題を手伝っている」と。

Kindleで買ったのだけれど、「紙の本で買っておけば良かったな」と後悔。自分がダメだと落ち込む、なんだか悲しい気持ちになる……そんな時に、紙のページをめくって読みたくなる、静かな暖かさ。

著者は、自死を試みるほどの生きづらさを抱える〈当該者〉であることを開きつつ、自らの本を図書館として開く活動をすることで、〈一緒に事に当たる当事者〉にも開かれている。「自らの当事者性を提示しつつ、伴走することはできないだろうか？　もっと相互に声を響かせ、疑問を投げかけあって一緒に考えることはできないだろうか？」彼女が二つの立場を行き来してくれるから、自分の中の分断の痛みが和らぎ、二つの立場を行き来する柔らかさが生まれる。

『イコール』と共通する匂いがそこにある。誰もが立場を超えて、雑誌という一冊の本の中でつながり、未来を押し拡げていく。そして、この本と『イコール』に同じくあるのは、存在へのエールだ。活字になることは、〈私の声〉が、この世界に存在することの証明。幽霊ではなく、ここにあるという確かな証し。『イコール』は、〈私たちの声〉の存在を知り、確かめ、つながり、未来へと共に歩み出すためのフィールドなのだ。

佐野浩子（東京）
Presence Bloom 代表

小学館

『ミノタウロスの皿』
藤子・F・不二雄
定価 1,010 円

書評

子どもに読ませたらトラウマ必至。マンガで知る、むき出しのグロさ、人間の愚かさ。

『ミノタウロスの皿』

藤子不二雄先生の漫画に出会ったのは、小学1年の春。学級文庫にあったカバーの無い『ドラえもん』。それから夢中で読み漁った。『21えもん』『パーマン』etc.

大学で、藤子・F・不二雄先生のSF短編集に出会う。「SFなんて、恐れ多い。少し不思議としてください」。当時の先生の弁。謙遜されていたが、これはまごうことなきSFだと思う。描かれる世界は、宇宙や未来、異世界となった地球……少し不思議なんてレベルの話ではない。『ドラえもん』にも、ゾッとする描写はあったけれども。これは、子どもには見せられない。1巻表題の「ミノタウロスの皿」を始め、「カンビュセスの籤」「パラレル同窓会」……大人でないと楽しめない話が詰まっている。『オバQ』や『ドラえもん』で、描けなかった真理が、この短編集には詰まっているのだ。

なんとなくだが、手塚治虫先生の影響もある気がする。『アラバスター』『奇子』『どろろ』。『ブラック・ジャック』にはない、むきだしのグロさ、人間の愚かさ、が共通項として両者にはある。子どもに読ませたらトラウマ必至。推奨年齢14歳以上?

藤子不二雄A先生も、『笑ゥせぇるすまん』で、ブラックに方向転換しているのも興味深い。「自分会議」を読んだとき、当時大学1年だった私は、「うわあこれは嫌だ。16歳の私なら、自殺するか、将来の自分を刺し殺すなぁ」と思った。今の55歳になった自分は、16歳の私に刺されかねない。でも辛うじて生きている。

山田博美（東京）
フリーター

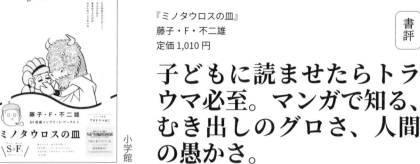

『イコール』レビュークロッシング

一冊の本をコミュニティの仲間と一緒に読んで感想を語る会

『イコール』では、1冊の本を複数の人に読んでもらい、感想を語り合う会を進めています。

第1回の本は、『戦争で死んだ兵士のこと』（小泉吉宏・絵と文）です。

2時間前、兵士はひとり道に迷っていた。

第1回　『戦争で死んだ兵士のこと』

函館西高等学校生徒

普通の日常を送っている多くの人々を大量虐殺する戦争の悲惨さを訴える本はたくさんある。本書は、そうした政治的な意味での反戦の本ではなく、一人の個人の生涯の中で遭遇した事件としての戦争を描いている。幸せな日常を送り、恋人にプロポーズをし、幸福な家庭を夢見た一青年に届く一枚の令状が人生を変えてしまう。短く、シンプルな言葉と絵が、余計に不条理な寂しさを訴えている。

第1回は、北海道函館西高等学校の先生と生徒さんたちにお願いして読書会を実施し、感想文を送ってもらった。北海道函館西高等学校は、明治38年4月開校以来、100年の歴史と伝統を受け継ぎ、2019年に北海道函館稜北高等学校と統合した単位制普通高校で、探究活動に力を入れている。

KADOKAWA（メディアファクトリー）

『戦争で死んだ兵士のこと』
小泉吉宏・絵と文　定価 880 円
https://amzn.asia/d/0ddRF8b

最後のページが印象に残る。

一人の兵士の人生を生まれてから振り返るのではなく、死んでから生まれるまでを振り返ることで、ありきたりな振返りをしないのが印象に残っている。だが、最も読者が印象に残るであろう部分は、最後のページだと思った。最初に書かれた文をそのまま使う事で、私たち読者がそれまで読んでいた内容を一気に振り返らせてくれるようになっていると考えた。さらに、一人の兵士の人生の出来事を細かく数字を使って表現しているところも、読者に深く印象に残すための方法なのだろうかと考えを巡らせるのも楽しかった。

また、この本は第三者の目線から見るだけではなく、作品に登場するいろいろな人物に感情移入することで、違った視点から物語を見ることができるので、何回読んでも飽きない作品だと感じた。そして、たった一人の兵士の人生を振り返るだけなのだが、子どもには人の命の大切さを学ぶ機会となり、大人には自分の人生を振り返る機会を作る本となり、世代など関係なく絶対に読むべき作品だと思う。

（雅・18歳）

一日一日が大切な時間なのだと教えてもらった。

最後にでてきた「湖のほとり〜」の後では、なにか心の中が重くなるようなものがあった。彼は、大切に育ててくれた親のために兵士に志願し、将来を誓い合う恋人ができて、彼の人生は明るいほうに向かっているように見えたが、親のために志願した兵士になったことで彼は惜しくも命を落としてしまった。この本を読み終わった時に、私は彼の人生のどこかに一瞬でも同情心が生まれたのだと思う。「彼にはまだ生きる意思も、待っている人もあるはずなのに、兵士になったことで無情にもそれらが踏み潰されてしまって悲しいだろう」と頭の中でそう感じた。この本を読んで、私は今自分自身が見えている友達であったり、家族などの大切なものをしっかりと大事にできる大人になりたいと思った。この本は、私の人生はこれから何が起こるか分からないが、1日1日を誰かへの感謝を見つけながら生きていきたいと思わせる本でした。

（あらミンチ・18歳）

戦争の先に幸せな未来はあるのだろうか。

第一に、切ないと思った。彼は最愛の彼女との婚約や、友達との約束、それらを破る事になってでもやらなければいけない事があった。彼の夢に溢れた未来は「戦争」という先が見えない虐殺行為によって潰された。生きて帰れば幸せになれるというのに、その可能性は限りなく低いのだ、と。

第二に、無駄にしてはいけないと思った。彼以外にも、想像できない数の人間の夢が壊されている。戦争の先に、虐殺の先に幸せはあるのか。和解の道はなかったのか。沢山の人の死を無駄にせず、それを糧にして夢のある未来を創造しなければいけない、と。

最近、「戦争」がテーマのアニメを見た。その作品では主人公が大好きな仲間を守るために、その他の人類の大虐殺を始めるのだが、仲間たちの多くは虐殺ではなく主人公と世界の皆での平和的な共存を望んでいた。

この絵本の主人公も同じで、彼女や友達を守るために戦争に駆り出された。きっと望まれてないのに。

戦争の先に幸せな未来はあるのだろうか。

（なんこつ・18歳）

大きな悲しみと孤独感

最初にこの題名を聞いた時に、戦争についての話だとわかり、悲惨なものであることは分かっていたが、このように一人の男性にフォーカスすると、もっと戦争が悲惨で卑劣なものだと思った。湖のほとりで死んでしまった兵士はこの地に招集される前、兵士になったことを忘れてしまうくらい順風満帆の生活だったかのように見えた。恋人と婚約していたり、恋人を両親に紹介していたり、とても微笑ましい場面である。そのような場面を一瞬で消し去ってしまうのが「戦争」だと強く思い知らされた。そのほかにも兵士は数時間前に森に迷っていたと書いてあり、慣れない戦地での不安感も感じられる描写であったが、その後の幼少期の場面で昔から道に迷っていたと書いてあった。そこで私はもしこの兵士の親友だとしたら「また道に迷ったのかよ」と笑い話の一つになると思ったが、ここは「戦地」。迷ったら基地も仲間の位置も分からない、話し相手もいなければ心の拠り所もない。それを考えただけで、読んでいる手を進めるのがとても重くなってしまった。大きな悲しみのほかに孤独感を感じ、目の前の幸せはすぐに消えてしまうかもしれないと思うと、目の前の幸せをひとつひとつ大切にしたいと思った。

（よこ・18歳）

世界で行われている戦争を自分事として捉えたい。

この物語を読んで、どんな気持ちで兵士が死んでいったのかがとても気になった。走馬灯のように過去を振り返っていく中に、「悲しい」とか「辛い」などといった感情表現がなかったからだ。父の会社が倒産してしまい、大学を卒業するために士官学校へ志願してしまったことの後悔なのか、将来を共に過ごせなくなった婚約者への憂えなのか、読者の環境や立場によって異なるのだろう。そして、どんな立場の人であっても「戦争はしてはいけないものだ」と思わせる物語だと思う。

「戦争を忘れた」と言われる現在の日本は平和なのだろう。他国で行われている戦争が自国にどのような影響を与えるのか気にしなくなるくらいに。戦争の悲惨さを思い出し、世界で行われている戦争を自分事として捉えるためにも、この絵本を子どもから大人まで、できるだけたくさんの人に読んでほしいと思う。

（おはつ・18歳）

戦争は、自分の考えとは違う「もっと大きな都合」

最初と最後の繋がりの中に、読んでる人が一瞬で引き込まれるような構造がとても自分には刺さった。最初はなんともない他人の死だったが、読み進めるにつれて友人や家族などの大切な人の影が現れ、人の温かさを読者に淡々と伝える物語がさらにぐっと引き込まれるものになっていると思った。

私は、人が死ぬ時「自分の生」にどのくらい納得できるかが幸福の尺度であると思っている。しかし、戦争はそれを容赦なく、考える隙も与えないまま命を奪う。彼は大学を出るために、奨学金を得て士官学校に入った。たぶん、こんな時が来るとは、思いもよらなかっただろう。でも、それも含めて、戦争は人生の計画をあっという間に奪い取る。そこに人の尊厳はない。そこには国の威信など、自分以外の「もっと大きな都合」があるだけだ。私は人間主義的な教員であろうとしてきたし、子どもたちからも割とそう思われていると思う。人は一人一人、人生を全うする権利があるからこそ、この話のように簡単に人が大事にしてきた人やものやことを「権威」が奪うことは、あってはならないと感じる。学校ではよく図書室や保健室に置いてある、小泉さんの本。今改めて、今起きている戦争で一人一人の犠牲になっていく人たちのことを、リアルに感ずる必要があると感じた。

（先生・のとぽ・48歳）

本書は、1997年にベネッセコーポレーションより刊行されたものに加筆して2001年にメディアファクトリーで復刻され、メディアファクトリーがKADOKAWAに吸収されたので、現在の版元はKADOKAWAだが、Amazonでは高価な中古本しか販売されていない（2024年春現在）

大相撲錦絵　日本相撲協会相撲博物館コレクション

左田野 渉（東京）
パイインターナショナル 季刊SS販売戦略顧問

私が徳間書店に在籍していた２０１７年に『大相撲錦絵』を刊行した。相撲博物館の相撲錦絵を高解像度にデジタルアーカイブして、一冊物の豪華画集とした。銀座蔦屋書店のオリジナル商品だが、徳間書店でも在庫をもつことにした。本体価格18万５千円の豪華本で、売るのに苦労した。古書店や骨董屋を回って販促。

初代館長・酒井忠正のコレクションを
中心とする相撲博物館の
収蔵品から249点を厳選!
150部限定刊行
全シリアルナンバー入り

Grand Sumo Nishiki-e

【監修】公益財団法人 日本相撲協会
【発行・発売】株式会社徳間書店
【販売代理店】株式会社八木書店
本体 18 万 5 千円＋税

本物の錦絵（浮世絵）ではなく、画集だったので反応は鈍かった。光が見えたのは、大学図書館ルートだった。古書店の八木書店の八木社長に相談したところ、販売を引き受けて下さった。販売結果は日本だけでなく、欧米で実績が挙がっていた。今年になって徳間書店の在庫は完売した。根気強く長く売り続けてくれた八木書店のおかげだった。一つの商品を大切に売るということがいかに大事かということをヒシヒシと感じた。

最後の販売報告書を受け取りに、八木書店を訪問した。販売担当部長と話題になったのは独立系書店の増加。チェーン店ではない個人書店が、昨今は林立している。八木書店は古書の販売、出版社事業に加えて、取次業も運営している。独立系書店の店主が八木書店に続々とやって来る。このような物的流通のために、広告会社「とうこう・あい」が、書店・出版社間の受発注システム「ＢｏｏｋＣｅｌｌａｒ（ブックセラー）」を開発した。２年前から八木書店も参加。その結果、現在では独立系書店が１０００軒の加盟に達した。一方で出版社は６００社が参加している。取次を支えるためにも「ＢｏｏｋＣｅｌｌａｒ」を出版社や書店は、是非とも利用していただきたい。新しい波には、新しい器が必要。

書店と出版社を繋ぐ受発注 Web システム
BookCellar

全国4500以上の書店・小売店が利用する
書籍受発注システム
BOOK CELLAR
登録・利用料無料！
BookCellarのメリット

言葉だけに頼らない視覚・聴覚・臭覚・皮膚感覚を総動員したメディアの広がり

SCENE3 映像・音楽・美術系

イラスト／田久保あやか（東京）深呼吸学部塾生

第一回

画家の気持ち

レオナルド・ダ・ヴィンチ「モナ・リザの謎に満ちた背景」

國井正人

実際に作品を模写して感じた「画家の気持ち」を綴った画文集
This site is a collection of paintings and essays that capture the minds of the artists as the author actually copied various works.

モナ・リザの右側の背景

私が本物のモナ・リザをルーブル美術館で見たのは20歳の時である。今から40年以上前のことだ。私が見たのは時間にして1分にも満たなかったと思うのだが、未だに残像が蘇る。その時はあまりに有名な絵だったせいなのか、感動よりは不思議な感覚だけが残った。思えば私はその日以来、徐々にレオナルドに心が浸食されたのだ。

モナ・リザの左側の背景

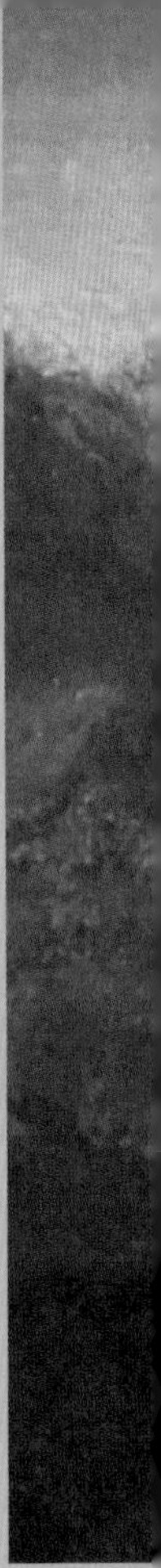

モナ・リザは微笑みばかりが取り沙汰されるが、あの不思議な背景こそがモナ・リザの雰囲気を醸し出していると私は思う。実を言うと私はモナ・リザのどこか描き過ぎた顔が苦手なのだ。だからリザ夫人を省略して、左右の背景だけをつなぎ合わせて一枚の風景画として描いてみることにする。モナ・リザの背景は左右を入れ替え、合わせてみるとひとつの風景が出現するといわれているが、実際に両方を描いてみると、風景画としてはやはり原作のままの方が美しい。背景の湖やその奥にそびえ立つ山々は左右の端と端とをつなぎ合わせるだけでほぼ符合する。空を飛ぶ実験を繰り返していたレオナルドならではなのか、画面全体は高い視点から俯瞰したように描かれ、雄大な印象を受ける。

モナ・リザの画面はパスカル・コットが2億4000万ピクセルの高精度カメラで調査したところ、500年前の当時は今より青みがかっていたとのことなので、私は青を下地として多用しながら、現在の色味との調和を図ることにする。モナ・リザの背景は、中国や日本の水墨画のように、霊性を帯びた自然の営みが流転するかのように描かれている。それは現実とは

モナ・リザの背景

モナリザ解説（Wikipedia より）

『モナ・リザ』（伊 : La Gioconda、仏 : La Joconde）は、イタリアの美術家レオナルド・ダ・ヴィンチが描いた油彩画。上半身のみが描かれた女性の肖像画で、「世界でもっとも知られた、もっとも見られた、もっとも書かれた、もっとも歌われた、もっともパロディ作品が作られた美術作品」といわれている。ポプラ板に油彩で描かれた板絵で、1503 年から 1506 年に制作されたと考えられている。もともとはフランス王フランソワ１世が購入した作品だが、現在はフランスの国有財産であり、パリのルーヴル美術館が常設展示をしている。しばしば「謎」と表現される画題の不確かさ、スケールの大きな画面構成、立体描写の繊細さ、だまし絵めいた雰囲気など、さまざまな点において斬新であったこの作品は、現在に至るまで人々を魅了し続け、研究の対象となってきた。

嵐のデッサン

かけ離れた幻想的な風景のようにも見えるが、あり得ないと思われた中国の山水画が実在することからして、案外現実の風景なのかもしれない。ミラノからアルプスまでは1日で行ける距離である。美術家のケネス・クラークがいうように、アルプスの風景なのかもしれない。実際レオナルドは二度ほどアルプスに行ったことがあり、モナ・リザの背景と酷似したデッサンを残している。レオナルドが一時期住んでいたアルノ川に架かっていたブリアーノ橋とおぼしき橋が書き込まれていることから、案外身近な風景を雄大に描いただけなのかもしれない。霧が立ち込めたような大気の中に、奥深く連なる山々とそこをゆったりと蛇行して流れる川や湖を描写していると、その源を一つにしながらも、左右に別れ別れとなった二つの運命を暗示しているかのように思えてくる。それはまるでレオナルドの流転する人生のように。

國井正人は、大学を卒業して住友銀行（80年代当時）系のシンクタンク（現日本総研）に入社。その後世界を舞台にした投資の世界で活躍しながら、ライフワークとして名画の模写を行っていた。単なる模写ではなく、画家の人生や時代背景を学び、画家本人の気持ちを想い巡りながら、画家が表現したかったものをトレースしてきた。『イコール』では國井正人の作品を紹介しながら、絵画世界の奥深い魅力に触れていきたいと思う。

久米信行と映画を語る会・第1回

大の映画好きの久米信行が語りたい映画のお題を出して、Ｚｏｏｍで感想会を開きます。第1回は1947年に公開されたジャズの勃興期を描いた『ニューオリンズ』、第2回は現代のアメリカ社会の問題を描いた『カモンカモン』。同じ映画を観た人が語り合う楽しさを、あなたも参加して味わってみませんか?

久米信行（東京）
i-U 情報経営イノベーション専門職大学教授

『ニューオリンズ』

1947年製作／アメリカ
原題：NEW ORLEANS
監督：アーサー・ルービン
脚本：エリオット・ポール、ディック・アーヴィング・ハイランド、ハーバート・J・バイバーマン
出演者：ルイ・アームストロング、アルトゥーロ・デ・コルドヴァ、ドロシー・パトリック、ビリー・ホリデイ、アイリーン・リッチ、ジョン・アレクサンダー、リチャード・ヘイグマン、マージョリー・ロード、ジャック・ランバート、バート・コンウェイ、サミー・デイヴィス・Jr、シェリー・ウィンタース、エセル・ウォーターズ

◇　◇　◇

ふと思い立ち「ジャズ」と検索したら出てきた見知らぬ映画。何の予備知識も無しに見始めたら驚きの連続だったのです。

まずは登場人物に仰天。いきなりサッチモことルイ・アームストロングが、怪しいジャズクラブのバンドリーダーとして登場しているではないですか！　それだけではありません。白人オペラ歌手のヒロインを世話するメイドが、なんとレディ。そうビリー・ホリデイだったのです。憧れのレジェンドがさりげなく出演して、トランペットを吹き、ブルースを歌う。ＣＤで聴き惚れていた二人が競演する姿に見とれてしまったのです。なんと贅沢な映画でしょう。

主人公は何やら訳ありな白人の中年男。表向きはカジノを経営しながら、裏では黒人ジャズメンたちに自由に演奏できるクラブを開く。そんな慧眼とリベラル精神を兼ね備えるアウトサイダーです。黒人解放運動を指導したキング牧師が「私には夢がある」と演説したのは1963年。この映画が初公開されたのは、その16年前、大戦直後の1947年です。黒人が奏でるジャズに魅了され、応援する白人たちを主役に、やがて白人のジャズファンが増えていくなんて映画を、よくぞ作れたものです。

映画を語る会でも、誰もが感動してくれたこの映画。一見すると身分と年齢の壁を乗り越えるラブストーリーなのですが、その裏には、人種差別や偏見を超えて素晴らしい音楽＝ジャズを広めることに寄与した人たちへの賛歌が秘められています。

『カモンカモン』

2021年製作／アメリカ
原題：C'MON C'MON
配給：ハピネットファントム・スタジオ
監督：マイク・ミルズ
脚本：マイク・ミルズ
出演者：ホアキン・フェニックス、スクート・マクネイリー、ギャビー・ホフマン、ジャブーキー・ヤング＝ホワイト、ウッディー・ノーマン

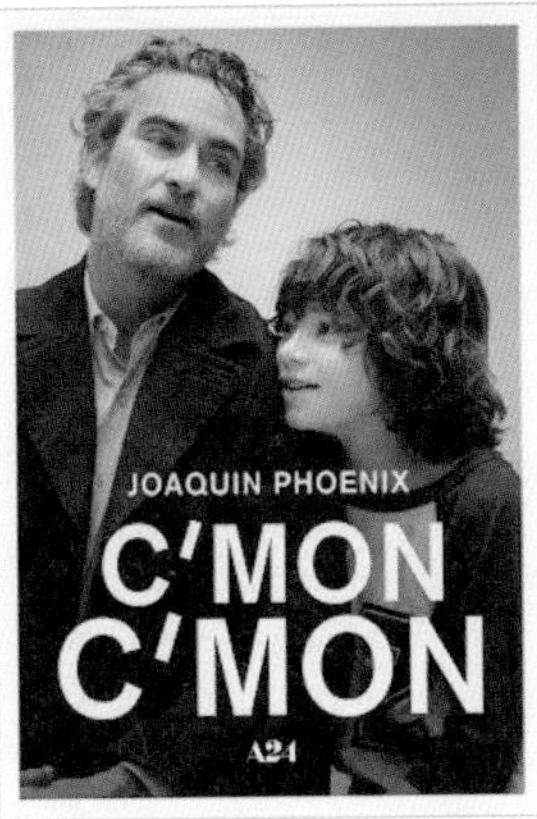

◇　◇　◇

例によって題名と写真だけで選んだのですが、3年前公開の新作なのにモノクロでした。テクニカラーの映画が公開されたのは今から80数年前。例えば『風と共に去りぬ』で初めて総天然色の映画を観た人たちは、どれだけ驚いたことか。しかし。もしも『カモンカモン』がカラー映画だったら、ここまで心には響かなかったでしょう。

始まり方も想定外でした。次々にマイノリティーの子どもたちが現れて、「米国と自分の今」を「自分の言葉」で語り始めます。社会派のドキュメンタリー？　それはそれで面白そうと、いつしか惹きこまれていったのですが、予想外の展開を見せ始めます。

日々、ライフワークに邁進し、妻も子どももいない主人公。彼を翻弄する不思議な少年が織りなす物語。少年の言動に、いらつく人もいるでしょう。正直言えば、私も観るのが辛くもありました。まるで私を見透かしているような目で見つめるからです。

映画を語る会でも、まるで自分のことやわが子のことのように語る人、時には泣きそうになる人もいました。これまでの人生や家庭生活、今置かれている状況や心のありようによって、誰に共感するか、どの言葉に反応するかが、まったく違う映画なのです。

『カモンカモン』という題名の意味は、最後まで、否、映画を観終わっても腑に落ちませんでした。エンディングも予想外で、謎は深まるばかり。おそらく見返してもわからないでしょう。5年後10年後にもう一度観たくなる映画なのです。

久米信行と映画を語る会『ニューオリンズ』2024 年 1 月 12 日
https://youtu.be/23tgdYjEORY?si=_L7AYyp3mk3Iy19R

久米信行と映画を語る会『カモンカモン』2024 年 02 月 09 日
https://youtu.be/08-sIrvv-8o?si=ShT_6en4-ltn4fea

久米信行
iU 情報経営イノベーション専門職大学教授・明治大学講師。『すぐやる技術』など著書多数。日経産業新聞連載中。久米繊維工業 相談役。墨田区観光協会 理事。

あなたのご参加をお待ちしています。久米信行と映画を語る会（映画トークライブ）

『レイチェル＆ヴィルレイ』は大当たり

石島治久（千葉）
リアルテキスト塾4期生

『ロッキング・オン』創刊メンバーの編集長にジャズアルバムの記事を持ち込むのはいささかのおこがましさを覚えるものの、この二人のアルバムを多くの人に聴いてもらいたいという気持ちのほうがそれよりも強かった。

最近はこのアルバム『I Love A Love Song!』の曲ばかりをヘビー・ローテーションで聴いている。

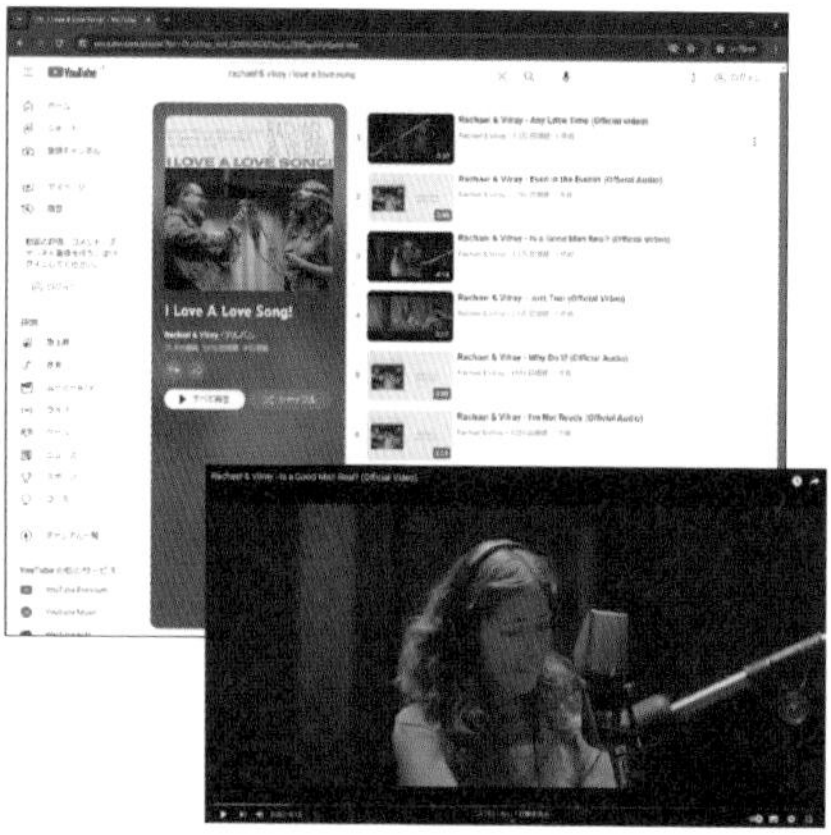

キッカケはSpotifyのおすすめに従って、アルバム内の「I've Drawn Your Face」を再生、「何だコレ、今どきでもこんなステキな曲調があるんだなぁ」というのが第一印象。とりあえずお気に入りに登録しつつも、「Racheal & Vilray」で検索をかけることは忘れなかった。

レイチェル・プライスという人は他のグループやソロでも活躍しているベテランだそうで、単なる認識不足でした。ウイキペディアによれば彼女は5歳の時にエラ・フィッツジェラルドの歌う「The Lady is a Tramp」を聴いてジャズに目覚めたとか。なるほど、アルバム唯一のカバー曲『Goodnight My Love』が入っているのはそういう訳でしたか。

油井正一さんが何かのライナーに書かれていたが、『Goodnight My Love』は1930年代にベニー・グッドマンが別レーベル所属のエラ・フィッツジェラルドを借り出し、匿名で歌わせて大ヒット。ただしその内実がバレた後、レコードはすべて回収になったという曲である。

アルバムの話を続けると、他の曲はすべてギターとヴォーカルのヴィルレイの作。30年代の曲『Goodnight My Love』と並んで何の違和感も感じさせないのが凄い、しかも覚えやすい旋律で自然に口ずさめそうなところもいい。タワレコサイトの紹介に「これが未来のジャズ・スタンダード」という表現があるのだけれど、何ともウマいことを言うものだ。レトロと言われればそうかもしれないけど、この感動はAIには作れまい。

まぁ、とにかくこの曲から聴いてみてください。どの曲も素晴らしく趣味がいいけれど、まずは『Is a Good Man Real?』からどうぞ。

追悼

墓碑銘《エピタフ》

Ryuichi Sakamoto

坂本龍一

坂本龍一さんが亡くなったとき、
世界中のSNSで坂本さんの死を悼むメッセージが流れた。
特に印象的だったのは中国のSNS・RED（小紅書）で、
バイオリンやピアノや琴……あらゆる楽器で
『戦場のメリークリスマス』の主題曲が何十何百と演奏されたことだった。
彼らは、坂本さんと個人的なつながりがあったわけではないだろう。
しかし、時代を通して「坂本龍一と一緒に生きた」という感覚を
自分たちの楽器で表現したかったのではないか。

「Ryuichi Sakamoto | Opus」最後のピアノ演奏を記録した映画が公開中。© KAB America Inc. / KAB Inc

（さかもと りゅういち）1952年1月17日～2023年3月28日は、日本の作曲家・編曲家・ピアニスト・音楽プロデューサー。東京都出身。クラシック音楽を根幹に、ポピュラー音楽（特にテクノポップ）や民俗音楽にも造詣が深かった。1987年にアカデミー作曲賞を受賞し、映画音楽でも世界的に評価された。1990年代中盤にはインターネットの普及に先んじてライブや作品に取り入れるなど、新技術にも挑戦的だった。愛称は「教授」。晩年は環境問題や反原発活動にも積極的に参加していた。（Wikipediaより抜粋）

同時代を駆けた戦友へ

坂本龍一君が旅立って1年が経った。彼が残したもの、次代に繋ごうとしたものを、彼と同時代を生きた「戦友」として改めて振り返り、考えてみたい。

塩崎恭久（愛媛）
元 厚生労働大臣

世界的な反戦の流れの中で

「世界のサカモト」と称される彼の足跡は、多くのＣＤや書籍が存在するだけに、専門的なことはそれらに譲り、ここでは彼の音楽に留まらない多彩な活動の原点とも言える、若き時代のことを書き留めておきたい。

僕と坂本龍一君がまともに顔を合わせたのは、中学でのブラスバンド部だった。彼自身は何も言わないから、幼少期から音楽の英才教育を受けていたなんて知らず、練習をサボる彼に、「マジメに来なきゃ、うまくならないぞ」と注意すると、苦笑いして頷くだけ。それでいて、本番にはピシッと決める。嫌な奴だと思ったものだ。

それが僕が米国に留学して復学した高校2年で同じクラスになり、滞米中にしこたま買ったＬＰを、親が地元に移り住んでほとんど独り住まいだった私の家で聴いたり、サンフランシスコで行ったりした数々のロックフェスの様子を話したりして、急速に距離が近くなった。

なにしろ、その頃はジミヘンやクリーム、ジャニス・ジョプリンらが直接会場に来て、僕らはヒッピーと一緒に地べたに座って聴いていた。コンサートといっても、ベトナム反戦・平和運動の色合いが濃かった時代。そんな現状打破の空気は世界各地に流れていたと思う。パリの5月革命しかり、東大の安田講堂攻防戦、そして僕らの都立新宿高校の校長室占拠やストライキも。

出張の際に訪ねたニューヨークの坂本邸にて（2008年）。

立場を超えて続いた交友

受験偏重教育の改革、政治活動や制服の自由化など、教育や学校の在り方の変革を求めて僕らは実力行使した。要求を「飲め」、「飲まない」と校長とやり合っている最中に遅刻してきた坂本君だった

「Ryuichi Sakamoto | Opus」ポスター。
© KAB America Inc. / KAB Inc

が、亡くなるわずか半年前に、その要求書を書いた馬場憲治君に、「あの時の要求項目を憶えてる?」と、メールで訊いてきたと最近になって知った。

社会的に成功した男にとって、若気の至りと一笑に付すような事柄の何が気にかかったのか。50年以上も前のいったい何が彼の胸に去来したのか。今となっては知る由もないが、人生の最期に振り返る意味があったのだろう。

大学時代も付き合いは続いたが、親から反対された学生結婚をみんなで後押ししたのに、その後、彼女と別れてしまって、交流が途切れた時期もあった。

それでも、88年に彼が『ラストエンペラー』でアカデミー賞作曲賞を受賞した時に、馬場君と相談してお祝いの花を贈ると、関係はすぐに戻り、コンサートのたびに呼んでくれるようになった。

僕が衆議院選に初めて立候補する少し前には、愛媛でトークショーをやってくれ、事務所からNGが出ていたピアノまで弾いてくれた。学生時代に「どうせあんたは政治家になるんだろう。その時は応援するよ」と言っていたことを四半世紀も過ぎ、ましてや政治的立場が異なっていたにも拘わらず、だ。

青臭い変わらぬ想い

そんな義理堅い奴だった。しかし、それは表面的なものではなく、「戦争はしてはいけない。自由を奪ってはいけない。困っている人には手を差し伸べる」といった青臭いことを話し合っていた学生時代の、僕らのコアな部分は今なお共通だと確信していたからだと思う。

事実、坂本君が震災を機に東北の子どもたちと結成した「東北ユースオーケストラ」は、僕が議員退任後に里親登録し、現在も不定期ながら2人の週末里親になっている「子どもの未来を創ろう」という想いと通じるものがあるだろう。

学生時代にふともらした「ピアノの蓋を閉める音までも演奏だ」という繊細な感性で、この混迷する日本と世界の状況やAIの進展を受け、君ならどんな表現をしたか、それを今も、そしてこれからも見続けたかった。

果てしない後悔と足掻く覚悟

自分に学びを与えてくれる存在、それが教授だった。あまりにも身近で逸してしまったもの。その自責の念が僕を突き動かしていく。

平野友康（福岡）
株式会社メタコード代表

奇跡のような出会い

白状すると、僕は教授と一時期、学校をつくろう、村をつくろう、秘密基地をつくろう、なんでも一緒にやろう、と夢を語り合っていたことがある。でもそのときは自分の力量が足らなくて、教授の気持ちを受け止めることができなかったことをずっとずっと悔やんでいるのだ。

あるときは飛行機の中で僕の席までやってきて「ひらのー、思いついたんだけどさ、こんな学校つくれないかなぁ」とか、あるときは倉庫街の物件を見に行き、そこでできることに思いを馳せたり。ソーシャルメディアの可能性もたくさん話して、「なんでもやるよ！」といつも言ってくれた。だけど、振り返ってみたら何もできてないようなものだ。

やがて教授とは距離ができ、相変わらず優しかったけど、人生が交差する季節は終わってしまった。ある日、ニューヨークでご飯を食べながら唐突に、「あ、何かが終わった」と感じて悲しかった。僕がアートへの教養や理解が足らなかったこともある。年齢や状況もある。

そこで知ったのは、自分に学びを与えてくれる存在は奇跡のような出会いであって、それを逃してはならないということ。そして、この世界に生まれて何かを感じて自分の課題に斬り込んでいくために欠かせない存在だということ。自分自身を投げ出してあのときあそこに留まれば良かった。飛び込めば良かった。つまらない自分の限界など泣きじゃくりながら突破してみれば良かったのだ。あまりに仲良かったから、何度でもチャンスがあるし、交差するときがまた来ると思っていた。

失うものの大きさ

でもそれは訪れなかった。どんどんお互いがいる場所は遠くなった。教授は人生の時間が限られていたし、そうなると見えるもの感じるもの大切にすることも

変わってくる。僕はもうそこに触れることができなかった。

あるとき、闘病中の教授からチャットが来た。久しぶりで驚いた。僕の子どもがダンスをしていると言うと「怪我しない？」と心配してくれた。苦しい闘病中の孤独な病室からだ。僕は何も気付かないふりをしてチャットを続けたが、本当はスマホの画面が見えないほど号泣しながら返事を書いていた。何度も手術をして耐えていたのに僕の家族のことを気遣っている。軽々しく「早く元気になってよ」なんて言えなかった。泣きながら日常の写真を少しだけ送った。もう二度とあの頃のようにアイデアを語り合ったり、何かにワクワクしたり、一緒に挑戦することはないのだと悟った。

後悔を糧に全力疾走する！

正直に言うと、僕はそのときからずっとずっと果てしない後悔をし続けている。もう教授と一緒にできないのなら、せめて僕が頑張って何かに挑戦して、その挑戦を一緒にできる仲間ができたら、教授とできなかった分までその仲間とやり合いたいと思っている。そうじゃないとと てもじゃないけど気持ちが耐えられない。だから僕は必死に足掻かずにはいられないし、本気でゼロイチがしたい。壁打ち相手も欲しい、伴走者も欲しい、僕は教授のようには絶対になれないけど、僕なりに全力で走り抜けたい。それは一人でやっても意味がない。一緒に無我夢中で走りたい。

そうじゃないと、僕は後悔の気持ちに埋もれて息ができなくなってしまう。奮い立たせて、たくさん種まきをした。そして芽が出てきた。これを枯らしたくない。もっと走りたい。やり合いたい。カタチにしたい。僕自身、いつか年齢を重ねたらそう思わなくなるかもしれない。あるいは教授が最期に意識を失っても指を動かし続けたように、最後まで走り続けるのかもしれない。でもこういう感覚を持てるのは今だけかもしれないのだ。焦る。今、全力で走りたい。一人でできることは限られているから一緒に無我夢中になって走りたい。やりたいこと、つくりたいもの、書きたいことが溢れ出している。どうしたらいいのか。

平野友康（ひらのともやす）インターネットの創生期に坂本龍一と組んで世界的なオンラインライブなどを行う。東日本大震災の際には、二人が中心になって、アーティストたちによる復興支援団体「kizunaworld.org」の活動を行う。

「Ryuichi Sakamoto | Opus」スチールより。
© KAB America Inc. / KAB Inc

ファンレターをもう一度

ファンレターをもう一度

世界のサカモトでありながら、個々人の心に宿る教授。その存在の大きさと情動を改めて届けたい。

教授と繋いだFMラジオ

笹原覚（北海道）

想起すれば教授との間を繋いだ媒体の最たるものは、FMラジオでした。80年末の第二次ワールドツアー最終日・日本武道館の歴史的なライブをエアチェックしながら聴いたのが、教授の音との邂逅です。惹かれてからの熱は未だ

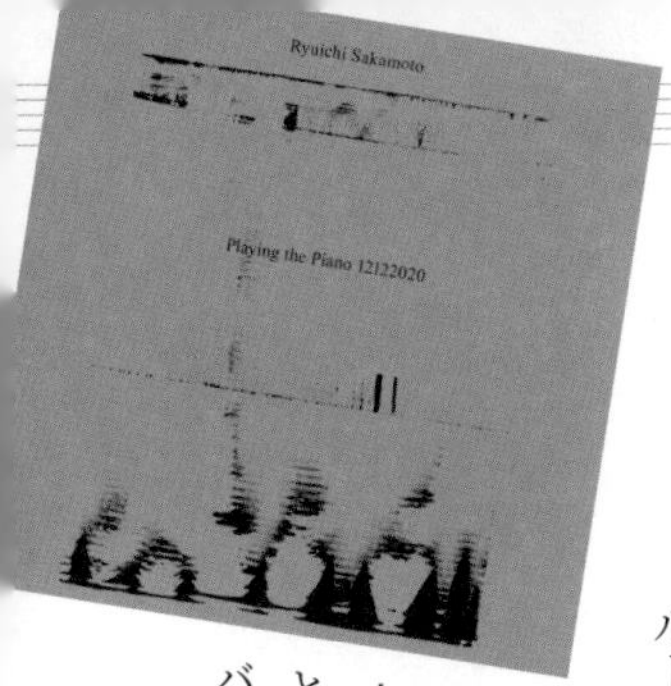

『Ryuichi Sakamoto: Playing the Piano』
アルバムCD通常版￥3,300（commmons）

に冷める気配はありません。きっと死ぬまで教授の音楽を愛するでしょう。臨場感、緊張感、空気感、神秘性などさまざまな要素が絡み合い、僕はラジカセの前でまったくリラックスできずに鳥肌を立てていました。「在広東少年」のサウンドと矢野さんの歌で心の強ばりはマックスに達し、その旋律と教授、グループ全体の演奏が悪魔的に聞こえて耳を塞いだ気がします。

矢野さんには私の住む地方でコンサートが行われた際、出待ちしてサインと握手をいただきました。とうの昔にグループは解散し、皆さん業界の大御所としてバリバリ仕事されていた時分のことです。あの時、口を衝いて出てきたのは「昔、ラジオで流れた矢野さん、幸宏さん、教授、デビッド・シルヴィアンの『ライフイントウキョウ』がいまだに忘れられないんです！」と。矢野さんは呆れたように「大昔の話ですね！」と大声で応えられました。それを伝えなければ気がすまないくらい、英国のバンド・ＪＡＰＡＮが解散したときのあのテイクはラジオ越しにシビれました。

とまれ僕の青春は、教授の大活躍を音で刻んだＦＭラジオとともに在ったことを回顧し、子どもの頃に思いを馳せつつ瞑目します。

彼の声が僕の体に響く

貴田雄介（熊本）

坂本龍一さんは僕が生まれる前から有名な音楽家で、僕は彼を何度もテレビで見かけたので彼を初めて知ったのがいつのことか、今ではよくわからない。彼が作曲した「戦場のメリークリスマス」を冬になれば必ず一度は耳にしたし、音楽番組のほかにもバラエティ番組などでも彼のことを目にした。

僕は坂本さんの熱心なファンではなかったけれど、坂本さんは音楽家としての顔だけでなく、社会活動にも熱心に取り組んでおられ、そういうところにも強く惹かれた。世界的に活動していた坂本さんにとっては、社会活動をすることは民衆に大きな影響力を持つ有名人として当然の責務だったのかもしれない。

その後、坂本さんのドキュメンタリー映画を見て、一人の人間としての坂本さんの素顔に接することができたように感じ嬉しかった。北極圏の音を採取する姿は、音が好きでたまらない純真な子どもが幸せそうに遊んでいるようにも見えた。そして、そうした姿勢こそが一つのことを究めるために最も大事なことなのかもしれないと感じた。

東日本大震災の被災時に津波の圧倒的な力を受けて調弦が狂ったピアノの音を聞き、美しいと言った坂本さんの言葉は、調弦という行為に潜む人為的な暴力を暴くもので、私は目から鱗が落ちた。その言葉に含まれた哲学は、ピアノに限らず人間社会が地球の至る所で起こす問題を解決する可能性を有しているのではないか。さらには、僕自身が調律済みのピアノのように社会に適応するように、自然な状態から歪められているとも

CD『Year Book 1971-1979』
(commmons)

言えるのではないか？

　氏は死の直前まで東京の森を伐採しようとする政治に対して警鐘を鳴らし続けた。坂本さんを失った後の世界を生きる僕たちが彼の遺志を継ぐために、坂本さんが僕たちに残してくれた言葉から聞こえてくる声に耳を澄ませたい。そして僕が神様から賜った音色を響かせることで、世界をより良くしていくために力を尽くしたい。

お茶目な面もまた魅力

砂希（東京）

坂本龍一ほど多彩なアーティストがいるだろうか。ピアノが上手、アカデミー賞を受賞するに値する曲を作る、映画にも出演し、東日本大震災後のイベント「さようなら原発」では電気に頼らない生活を提唱した。その素顔に気取ったところはない。自然体でボソボソと話す様子しか知らないが、激することもあったと聞く。

　それは、映画『戦場のメリークリスマス』の『シネマファイル』という本に書かれていた。正直言って、私はこの映画の意味がわからなかった。姉や友達に感想を尋ねても、みな首をかしげている。

CD『Year Book 1980 -1984』
(commmons)

「いったい何が言いたかったのだろう」とモヤモヤした気持ちを解消するために、この本を買って読んだ。大島渚監督が「異国の神と日本の神のドラマ」と説明しており、なるほどと理解した。

　坂本龍一の貴重なエピソードが、ビートたけしのページで暴露されていた。ロケをしていたラロトンガ島にウナギの差し入れがあり、ジョニー大倉と2人でいただいたそうだ。食べ終わった頃に坂本龍一がやってきて、「ウナギの匂いがする。食べたな！」と叫び涙ぐんだと書かれていた。

　自由に飲み食いできない環境であるため食べ物の恨みは非常に大きく、たけしはジョニーと2人で坂本龍一をなだめようと、余ったウナギを探しに探した。何人ものスタッフを回った結果、やっと一人分を確保することができたらしい。たけしは、このときの坂本の様子を「オレはウナギが食いたいんだと騒いで発狂寸前。何が教授だ」と評しており、食べさせたあとも「こんなに美味いものはないと言って、また涙ぐんだ」と締めくくっている。

　こんな面が見られたのは、ヨノイ大尉を演じたせいかもしれない。この本を読んでから、お茶目な坂本龍一がますます好きになった。天国でもピアノを弾いて、美しい旋律の曲を作り、たらふくウナギを食べていただきたい。

音楽の命は人より長い

もこもこ（滋賀）

中学生の時、「energy flow」がヒットして、ピアノの楽譜を買いに走った。それが坂本龍一との出会いだ。癒しというにはあまりに安易な、弾く者をどこか遠くの無我の境地へやるような曲だった。

私はYMOも『戦メリ』も同時代では知らない世代だ。戦中派の祖母は、『戦メリ』については、音楽以外のものはすべて忘れたいと言っていた。第二次大戦の捕虜収容所の話だからだと思うが、私は日本軍の軍服姿を見ても祖母と同じ感想は持たなかった。歴史から切り離されたアートとして観た。祖母とは別の意味でストーリーは忘れてしまったが、音楽だけは慈雨のように鼓膜にしみ込んだ。

以前、テレビで好きな煎餅を前歯でリスのように齧ってみせ、そのシャクシャクした音が良いと言っていた。いかにも坂本氏らしい。雨が降ってきた時とっさにバケツを頭からかぶって聞こえてくる音を音楽にしようとした姿勢に通じる。

著書『ぼくはあと何回、満月を見るだろう』では、叔父のエピソードが出てくる。子どもの頃、瀬戸物を落として割れる音を聞いていたらしいのだが、なかでも澄んだ音がする有田焼の薄い器を落としていたという。ノイズとサウンドに境目はないという美意識は甥に受け継がれた。福岡伸一との共著で、ロゴス（理論）を突き詰めた人間が、やがてピュシス（ありのままの自然）へ回帰していくと語られていたが、彼の音楽はまさしくそれだった。

昨年公開の映画『Ryuichi Sakamoto: Playing the Piano 2022＋』では、吐息がかかるほど近い位置で、鍵盤上を滑る坂本氏の指を見ているような気がした。ピアノは彼に弾かれることを喜んでいた。私は彼が亡き人であることを忘れ、音楽そのものに没入していた。音楽はいつだって人より長く生きる。

CD『Year Book 1985-1989』(commmons)

命そのままの音

どこでもいる田中（神奈川）

テクノポップの頃は、さほど好きではなかった。圧倒的だったのは、映画音楽だ。ドライブにはCD。旅先では貸しビデオ屋でカセットにダビングし、リピートして聞いた。辺境地バスツアーの、どこまで行っても同じような乾燥した山や、青に碧を重ねたような空に似合った。ひとり、ホテルの窓から人を眺める。あるいは夕暮れを見る。音楽は、砂のように降り積もっていき、私を埋めた。

コンサートにも行き、テレビで画像を見た。教授、かっこいいなあ。民族音楽風の曲や、優しい曲もあり多彩。やがて政治思想の活動家としての側面が強く映るようになり、次第に私から遠くなった。それでも、「energy flow」がCMで流れた時は、癒しの深さに立ち止まった。

最後のピアノソロは、一曲を弾くのに何時間も休まなくてはならなかったという。映

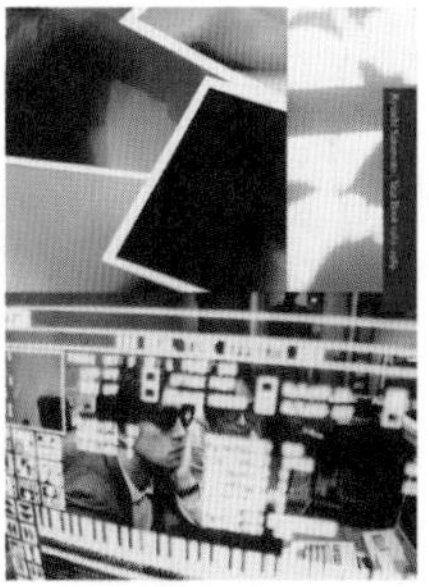
CD『yearBook 2005-2014』(commmons)

『サウンド＆レコーディング・マガジン
2024年5月号』（リットーミュージック刊）

像の中の痩せた姿、呼吸することさえどれだけの努力だろう。命をそのまま音にしている。その番組の中で、病院のベッドで雨音をずっと聞く話があった。雨粒・風・ぶつかる大地・人工物・植物などによって、百も千もの音に聞こえたのだろうか。

辻井伸行が、コンサートで坂本龍一の映画音楽を弾いていた。こうやって、音楽は繋がっていくのだろう。

同じリュウイチとして

やまやま（岐阜）

坂本龍一さんは、私の尊敬する人物の一人だった。名前が同じリュウイチであるとともに、音楽的才能が素晴らしいと感じているからだ。

坂本さんと言えば、映画『戦場のメリークリスマス』だ。登場人物が有名な人ばかりだったこの映画は、内容的にも素晴らしかった。しかしもっと素晴らしかったのは、坂本さんの音楽だった。あの音楽がなければ、感動的なシーンは生まれなかったと思う。

もっともっと素敵な音楽を作ってほしかった。映画音楽にも携わって、いろいろな映画で音楽を流してほしかった。

あるファンの手紙

天海楓（埼玉）

坂本龍一さんを知ったのは、『戦場のメリークリスマス』。ありきたりな出会いだと思う。

そして、数年前のドキュメンタリー映画を観て、衝撃を受けた。彼はピアノの調律を否定している。「現代の音楽では、これは狂ってる。調律ができてないって。十数トンの力をかけて木を歪ませることを、調律と呼ぶんです。不自然なんですよね。でも、これは自然が調律し直してくれたピアノです」。そのようなことを、映画で語っていた。

音楽で生計を立て、ピアノをずっと弾いてきた人が調律、画一化された音階を批判する勇気は、想像もつかない。逆にピアノに触れてきたからこそ、辿り着ける境地なのかもしれない。津波に飲まれたピアノで弾く「戦メリ」を聞いて、鳥肌が立った。魂が震えている。

彼は政治的な発言を自粛しない。反原発デモでも、スピーチをした。賛否両論を生む言説が多いけれど、その姿勢を僕は尊敬している。音楽家に対して「何も発言するな。ただ曲を作ってくれ」と願うのは、人格無視だ。

「思ったことを言わないのは不健康だなと思った」――彼にとって政治的な発言は、呼吸と似ているのかもしれない。思ったから言う。心のうちに仕舞い込んでおく必要などない、と。

享年71年、現代では短い。もっと長く生きてほしかった。

SCENE4 商品・社会装置系

写真／ytk（東京）読者

パッケージ洋食が花盛りの日本列島

日本各地の生産者たちのアドバイザーとして訪問している亀田武嗣が、足で歩いて見つけた美味しい情報を紹介します。

亀田武嗣（東京）
デジタルメディア研究所

幕の内弁当の歴史を洋食にもアレンジした「パッケージ洋食」。日本の料理は時代に応じて、どんどん進化していく。

パッケージ洋食というのは今作った造語。洋食弁当とワンプレート洋食等を指す言葉として考えた。和食でいえば幕の内弁当や駅弁もパッケージ化された一食。日本人はこういう食事が好みだと思う。洋食弁当はそれこそ幕の内弁当の洋食版でわかりやすいが、ワンプレート洋食は一考の価値があると思う。

長崎名物トルコライス、全国でも有名なご当地グルメ。基本はピラフ・ナポリタン・豚カツの三種類盛りが一つの皿に載っている。豚カツがハンバーグになったりエビフライになったり、ピラフがドライカレーになったりチキンライスになったり、さまざまなバリエーションがある。弁当箱に詰めたら、これはまさしく洋食弁当と呼ばれる料理。でもこれらの料理がディナープレートに盛られて供されるのがトルコライス。

長崎県のお隣、佐賀県には「シシリアンライス」がある。薄切り牛肉と玉ねぎがご飯の上にのせてあり、その上にレタスやトマト、きゅうり、そして仕上げにマヨネーズ。

他にも

根室のエスカロップ
バターライスに豚カツをのせ、デミグラスソースをかけたもの

オリエンタルライス
ドライカレーに牛肉（サガリを焼いたもの）をのせ、その上からデミグラスソースをかけたもの

函館のシスコライス
バターライスにフランクフルトソーセージが2本のり、スパイシーなミートソースをかけたもの

金沢のハントンライス
オムライスの上に白身魚やエビなど海産物のフライがのり、タルタルソースをかけたもの

福井県武生のボルガライス
ケチャップライスやピラフのオムライスの上に豚カツがのり、デミグラスソースやトマトソースをかけたもの

兵庫県加古川のかつめし
ご飯の上に薄く伸ばしたビーフカツをのせ、デミグラスソース系のたれをかけたもの

トルコライスを代表としたこれらのワンプレートが生まれた町を地図で眺めていると、沿岸部に多いことがわかる。山間部にはない。

イメージとしては、割と大きな貨物船が寄港する港町。そんな港町には船の整備や貿易の手続きをする間、上陸して骨休めをする船員さん達が馴染みになり、たびたび訪れる喫茶店や洋食屋さんがある。そこでは船員さんがメニューにない、自分が食べたい料理をリクエストする。あれも食べたい、これも食べたいとリクエストするから、お店は面倒になり一枚のディナープレートにリクエストされた料理を盛り付けて供するようになる。食欲旺盛な船員さんたちのリクエストに応えて生まれた、手軽でボリュームたっぷりの食事という感じ。

海運業華やかなりし頃、日本の高度経済成長がワンプレート洋食を港町で産んだのだ。

長崎名物トルコライス

亀ちゃんが
生産地の最新情報を
教えてくれます。

亀田武嗣の
日本全国
うまいもの塾

Haudi

第1回

最新の技術を駆使して「すべての人にやさしい空間」を作りたい！

連載「ハウディの冒険」

浅田颯大
株式会社ハウディ代表取締役

私たちの生活スタイルにテクノロジーがますます融合しつつある。今では当たり前に普及したシャワートイレも、もともとは身体の不自由な人向けに開発されていた技術である。帯広の北海道点字図書館の館長などを勤め、障害者の社会生活の向上につとめてきた後藤健市氏は、「ユニーバーサルデザイン」という障害の有無に関わらず誰でも使いやすい機能を追求した考え方を、更に一歩進めた「ハッピーデザイン」という概念を提示した。人間が作る道具は、便利なだけではなく、すべての人を幸福にするものである、という考えである。

人間の歴史は、道具を開発してきた歴史である。それは開発者の考え方次第で、戦争の道具にもなるし、人々に安らかな気持ちを与えてくれる道具にもなる。

株式会社ハウディの若き社長（１９９６年生まれの28歳）は、技術の力を信じ、新しい安らかな世界を求めて事業を進めている。彼の話に耳を傾けよう。（編集部）

スマートフォン連携自動ドア「ミライロドア」は、ミライロ、フルテック、ハウディの３社が共同開発した。従来の自動ドアは、どのような通行者にも一定の動きしかしなかったが、ミライロドアは専用コントローラーとスマートフォンの連携により、通行者の属性に合わせてドアの開閉方法を変更できる。

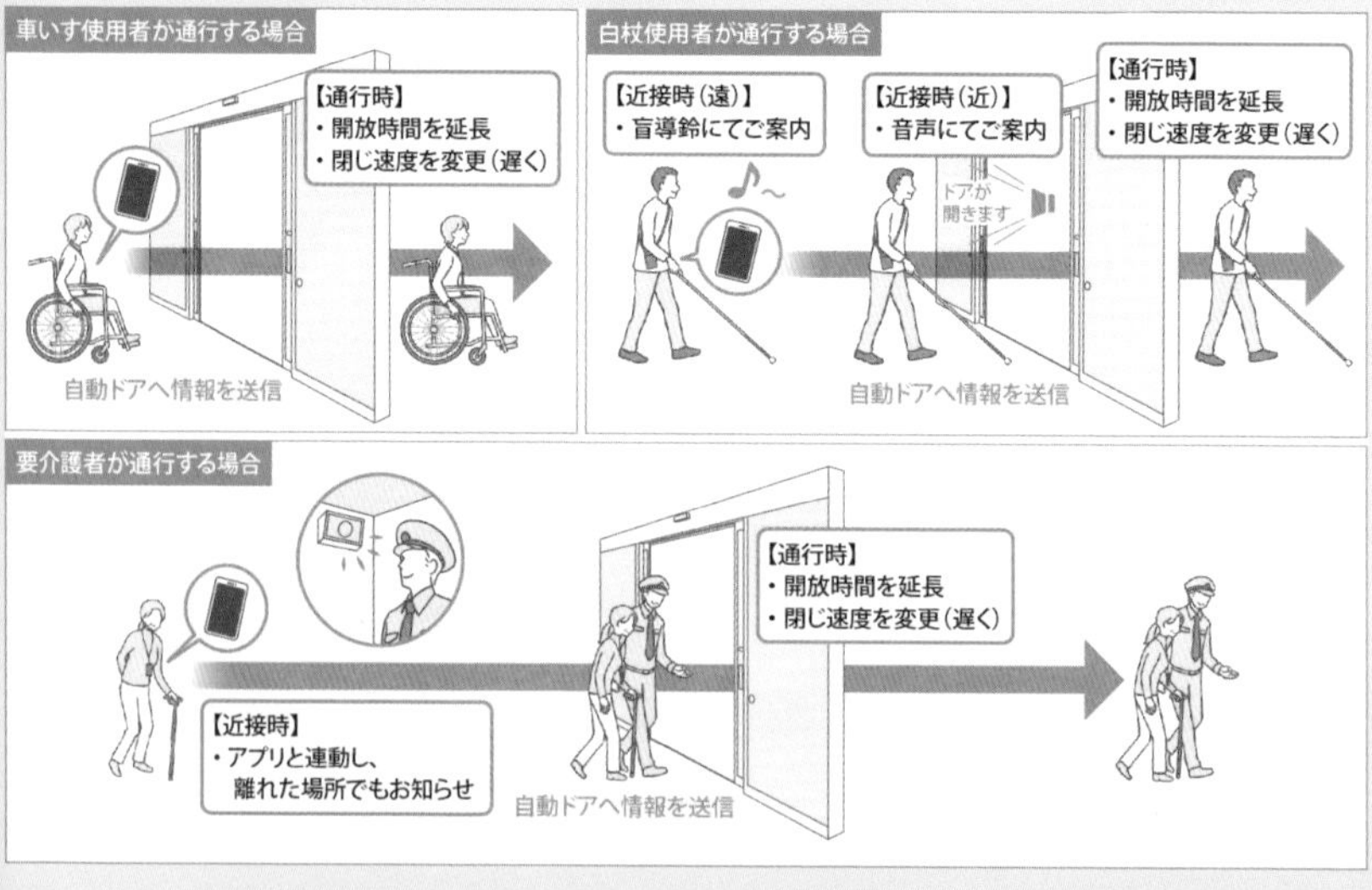

1. ミライロドアをリリース

ハウディの事業内容、目指すところは何ですか？

私たちが暮らす社会では、若者やお年寄り、ベビーカーや車いすを使う人が共生しています。ハウディは、このような多様性溢れる人々が便利・快適・安心・安全を感じられる「すべての人にやさしい空間」を早期に社会実装すべく、ＩｏＴやＡＩなどの最新テクノロジーを駆使したサービスを開発・提供する会社です。

ハウディの他社に対する独自の強みは何ですか？

私たちは、利用者の身体の特性や状態、外部の環境のセンシングデータに応じて、建物の設備や家電などのコントロールを最適化させる技術をもっています。最適化というのは、たとえば、室内の滞在人数に応じてエアコンの出力を調整することでエネルギーの無駄遣いを防いだり、寝ている人の睡眠の深さのデータに応じて室内の温度を微調整することで睡眠の質を向上させるようなことを指します。私たちはハードウェア、ソフトウェア、通信、情報セキュリティ、ＡＩなど、さまざまな技術を統合してこれを実現しています。

私たちを取り囲む建物が「多様性」や「地球環境」や「ウェルビーイング」に配慮した空間へと進化を遂げるためには、このような技術の活用が不可欠です。ハイレベルな技術者たちによってこれらの開発全般をワンストップでサポートできるのが私たちの強みです。

ハウディの実績などを教えてください。

ハウディでは、これらの取り組みの一環として、「ミライロドア」という製品を開発しました。私たちハウディと、自動ドアメーカー大手のフルテック社、デジタル障害者手帳「ミライロＩＤ」を提供するミライロ社の3社でタッグを組み、障害のある方が安心して通行できる自動ドアを実現しています。

「ミライロドア」の概要と、開発の動機を教えてください。

これまでの自動ドアは、誰が通ろうとしても同じタイミング、同じ速度で開いたり閉まったりするだけでした。運転方法を変更することはできるのですが、メーカーの作業員が現地に行ってシステムを書き換える必要がありました。そこで私たちハウディは、自動ドアメーカーのフルテックと共同で自動ドア向けのＩｏＴコントローラーを開発しました。このコントローラーをドアのコントロールボックスに接続するだけで、ドアがクラウドやスマートフォンと連携して開閉速度やタイミングを柔軟にコントロールできるインテリジェントなスマートドアに早変わりします。

ミライロドアは、前述のＩｏＴコント

ローラーとスマートフォンの連携により、通行する人の身体的特性に合わせて運転方法を最適化する新世代のユニバーサル自動ドアです。車いすを使う人がミライロドアを通行するときは、ドアに挟まれないようにドアが開放している時間を通常より長くし、施設内で迷わないようにドア横のサイネージに多目的トイレのマップを表示します。白杖を使う人の場合は、エントランスで迷わないように誘導アナウンスを再生し、ドアにぶつからないようにいつもより一歩手前で自動ドアを開放します。要介助者の場合は、すぐにサポートに行けるようスタッフルームに来場を通知することもできます。自動ドアだけでなく周辺のサイネージやスピーカーなどエントランスの周辺設備もこれに連携することで、施設全体のユーザビリティを向上します。

開発の動機は？

ミライロドアの開発の動機は、障害のある方々からいただいた自動ドアに関する不安や不便の声からでした。昨年ミライロの協力のもと障害のある方約２５０名を対象にアンケート調査を行ったところ、６割以上の方が自動ドアのタッチスイッチやセンサーについて不便を感じられていることがわかりました。視覚障害のある方はドアのタッチスイッチのありかがわからず、エントランスホールで立ち往生してしまうことがあるようです。また車いすの利用者は自動ドアをスムーズに通行できず、挟まって怪我をしてしまった経験をおもちの方もいました。

小さなことのように見えるかもしれませんが、全国に５００万台以上設置された自動ドアでこのような不安や不便が日常的に起こっており、私たちはこれを早急に解決するべき課題と捉えました。そこで、インテリジェントなドアコントロール技術をもつハウディとフルテックにユニバーサルデザインの設計に精通したミライロが加わり、障害のある方や歩行が不自由な高齢者、ベビーカーの利用者など、社会的弱者といわれる方でも安心してご利用いただけるドアを実現しました。

2. 学生時代の体験

学生時代に開発した障害者対応の楽器のことを教えてください。

私は、ハウディを起業する前はＫＭＤ（慶應義塾大学大学院メディアデザイン研究科）の修士課程に在籍していました。南澤孝太教授率いるEmbodied Mediaチームで身体とテクノロジーをシームレスに融合する技術について学んでいました。そして当時ミュージシャンを志していた私は、大学院の先輩である畠山海人さんに誘われて義手楽器MusiArmの開発プロジェクトに参加させてもらいました。

MusiArmは、障害が原因で満足に楽器演奏を楽しむことができない人のための楽器で、畠山海人さんが考案・開発しました。

ギターやピアノなど世の中にありふれる楽器のほとんどは、いわゆる「健常者」と呼ばれる四肢をもつ人が最大限のパフォーマンスを発揮できるように設計されています。ギターは6本の弦を左手の5本の指で抑え、右手で弦をかき鳴らし、足でエフェクターをコントロールします。ピアノは左手でコードを弾き、右手でメロディを奏でます。四肢に欠損障害を抱える方々は、これらの楽器を演奏するのが難しいです。それだけでなく、どんなに音楽が好きであっても障害のせいでミュージシャンとして活躍する道が閉ざされてしまいます。

MusiArmは、IoTやセンシング、3Dプリントの技術を用いて、彼らが日常的に使用する義手と楽器を一体化させることで新たな演奏体験を実現しています。私はミュージシャンとして、彼らが実際にステージでMusiArmを演奏できるよう、センサーとデジタル音のマッピングを設計し、それを実装しました。

反応はどうでしたか?

MusiArmの開発プロジェクトに携わる中で、実際に当事者の方と一緒にステージに立ってライブをする機会がありました。出演してくれた当事者の山本さんは、楽器未経験にも関わらず、毎週ライブハウスのステージに立つ私に勝るほどのエネルギッシュなパフォーマンスを見せてくれました。そんな山本さんの姿は、毎週チケットのノルマに追われて疲弊していた私に、楽器を「楽しむ」という感情を呼び起こしてくれました。そして、これまで私が10年もの間当たり前のように熱中して弾き続けたギターを、弾きたくても弾けない人がいることを知ってショックを受けました。

また私はライブの中で驚くべき発見をしました。ライブ中に私の上手《かみて》側に立っている山本さんの方を見ると、ステージの上でまるでダンスするように軽やかにパフォーマンスをしていたのです。腕を大きく振り回し、その勢いでジャンプもしていました。重いギターを肩から下げている私は、動き回ることのできる範囲に限界がありました。一方、山本さんは

身体と一体化したMusiArmを使っていたため、制約なく自由自在に動くことができたのです。

この体験を通じてわかったことは、その人の身体に適したツールを作ることが重要であるということです。ライブといえばギター、ギターといえば動きづらい、のようなパフォーマンスの常識は、MusiArmのように身体に最適化されたツールの登場により書き換えられるとも思いました。

3. 障害者とは?

浅田さんにとって、障害者とはどういう存在ですか?

そもそも私は、障害の有無は、人間として優れているとか劣っているとかいうことではなく、「身体的特性」であると考えています。

多数派をスタンダードとする世の中で、前腕が欠損している状態を誰かが障害であると定義しただけです。そもそも腕がない人に対して「欠ける」「損ねる」という表現が正しいのか?とも思います。腕がある私たちを「満ちる」「足りる」と表現するでしょうか?

社会をオペレーションし福祉を実現していく上で「障害者」と「健常者」を区別した方が都合がいいことがたくさんあるのだと思いますが、それはあくまで定義の話です。

MusiArm開発者の畠山さんは私にこんなことを教えてくれました。

「障害を意味する〝Disability〟は、個人の可能性を意味する〝This Ability〟と置き換えられる」と。

腕があるかないか、目が見えるか見えないか、背が高いか低いか、足が速いかそうでないか。これはすべて身体的特性であり、その人の個性です。

そのような考えから、私は普段、障害者という言葉をなるべく使わないようにしています。使っている人が悪いというのではなく、あくまでただの私のこだわりです。個性溢れる人々と分け隔てなく一緒に喜怒哀楽を共有したい思っていますし、その人の個性に刺激されながら自分も成長していきたいです。

(次号に続く)

株式会社ハウディのボードメンバー

「市会議員になってみて」嶋中康晴さん（苫小牧市議会議員）

地域の人が健康に生活できるための政治を目指したい。

構成 前川珠子（東京）スピリチュアル・アーティスト

地方議会の危機、議員のなり手不足が叫ばれて久しい。２０２３年の第20回統一地方選では、１２３町村が無投票で当選が決まり、定員割れの町村は20に上った。

そうした状況の中で、勤めていた会社を退職し、故郷の北海道苫小牧市で立候補し、当選した嶋中康晴議員の報告と公開質問会議をＺｏｏｍを活用して行った。

人口16万の苫小牧市は、千歳空港に隣接し、苫小牧港を擁する交通の要所である。東部には大規模な工場基地が、西側には樽前山など美しい自然が広がる。嶋中議員は１９７９年生まれの44歳。スポーツを通して社会貢献を行うベンチャー企業リーフラス株式会社に就職。専務執行役員を務めた。

スポーツには健康増進だけでなく、さまざまなポテンシャルがある。しかしそのポテンシャルを「町づくり」に生かすには、自治体や、行政の協力が必要不可欠である。そこが会社を辞めて、議員を目指した一番のポイントだと嶋中氏はいう。

実際に選挙に出てみて新しく発見したことはありますか？

意外だったのは選挙カー。効果ないと思ってましたが、調べると高確率で投票行動に結びつくことが分かりました。文書などのマニフェストより直接、候補者と接してのインスピレーションが大事なようです。

地方議員選挙の問題点は感じましたか？

古い仕組みで当選した人たちは、ネット投票など新しいシステムの導入に反対しています。むしろ地方政治に関心をもたれないようにしているようです。しかしそれもSNSを駆使する世代の台頭とともに変わるでしょう。

政治の現状について、どう思いますか？

政治に限らず、今まで当然のようにスルーされていた課題が吹き出ているように感じます。日本の国そのものが一度きれいになって、再出発しようとしているのではないでしょうか。

市会議員としてのテーマは何ですか？

自分の経験を活かして、スポーツと教育と健康を融合させていきたいです。子どもの頃から運動に親しみ、運動習慣をつけることが健康維持につながり、医療費・介護費の抑制につながります。健康社会を創っていくのは次の時代の大きなテーマではないでしょうか。

無所属議員の役割は何ですか？

政党や団体や企業の利害関係と距離を置いたところで発言できます。全体最適化のための役割があると思っています。

選挙の投票率の低さが問題になっていますが。

投票率が40％しかないところに逆に希望があります。残りの60％が投票することですべてが変わるから。それぞれの場所で投票率を上げて、先進的な改革を行う首長を選ぶことが大事だと思います。

これからどういう議員が出てきてほしいですか？

比較的時間の融通がきくので、いろいろな人に政治家を勧めたいです。若い世代には、落選しても生活できる、出馬しやすい仕組みが必要だと思います。

「嶋中康晴さんのサイトより」

嶋中康晴
1979年北海道生まれ／苫小牧市議会議員／合同会社5aura代表社員／スポーツ産業推進協議会事務局長／北海道十勝スカイアーススポーツ株式会社地域連携アドバイザー／北海道教育大学非常勤講師／『スポーツを通したまちづくり』をテーマに日々学び、成長しながら取り組んでいる／座右の銘『変化と成長を楽しもう』

▼嶋中議員の公開取材はこちらで見ることができます。

「学芸大学COLLECTIV」計画

上田太一氏インタビュー
「学芸大学COLLECTIV」プロデューサー

東急東横線の中でも祐天寺、学芸大学、都立大学駅周辺は一部のメディアでは「裏目黒」と呼ばれていて注目されている地域である。中でも学芸大学駅は東西に商店街が広がり、古くからの店と新しい店とファストフード店が入り混じった独特の賑わいのある街である。この街に、独特の方法で新しいまちづくりを仕掛けている人たちがいる。2024年度に碑文谷公園近くの高架下にできる「学芸大学COLLECTIV」である。仕掛け人の上田太一くんに話を聞いてみよう。

簡単な経歴を教えてください。

1982年生まれ。慶應義塾大学法学部卒業。NHKの番組ディレクターを経て、カフェやコミュニティスペースなど、場のプロデュースに携わるグッドモーニングス株式会社に参画しました。丸の内の施設運営やコミュニティづくり、神田ワテラスの施設運営やまちづくりを経験しました。

2017年より知人らと共同で町づくり会社「ウェルカムトゥドゥ」を設立。編集の視点を活かして、飲食店や商業施設、メディアなどのディレクションを数多く手掛けてきました。

学芸大学での活動を教えてください。

学芸大学でカルチャースペース「路地裏文化会館C/NE」を作り、名画の上映会やトークライブなどをやってきました。東急線高架下で「台湾屋台縁食区CHI-FO」も運営してきました。現在は、2024年に学大高架下に新たに誕生する複合施設「学芸大学COLLECTIV」とローカルブックカフェ「G

AKUDAI COUNTER BOOKS」を始動予定です。

「学芸大学COLLECTIV」の構想概要について教えてください。

「まちの縁側」をコンセプトに、2021年より始まった学大高架下リニューアルプロジェクト（五本木から碑文谷公園までおよそ1・3㎞）の一環で、プロジェクトを象徴する施設として、2024年秋に碑文谷公園側の現駐車場

C/NE でのイベント

〈 施設位置 〉

- 都立大学駅に向けて南側、学大駅から徒歩10分の現在駐車場として利用されているエリア
- 碑文谷公園に隣接し、今回の学大高架下リニューアルの中核施設と位置付けられる場所
- 2025年以降は碑文谷公園の民間活用の見通しもあり、今後学大エリアの賑わいの中心となるポテンシャル

〈 施設構成 〉

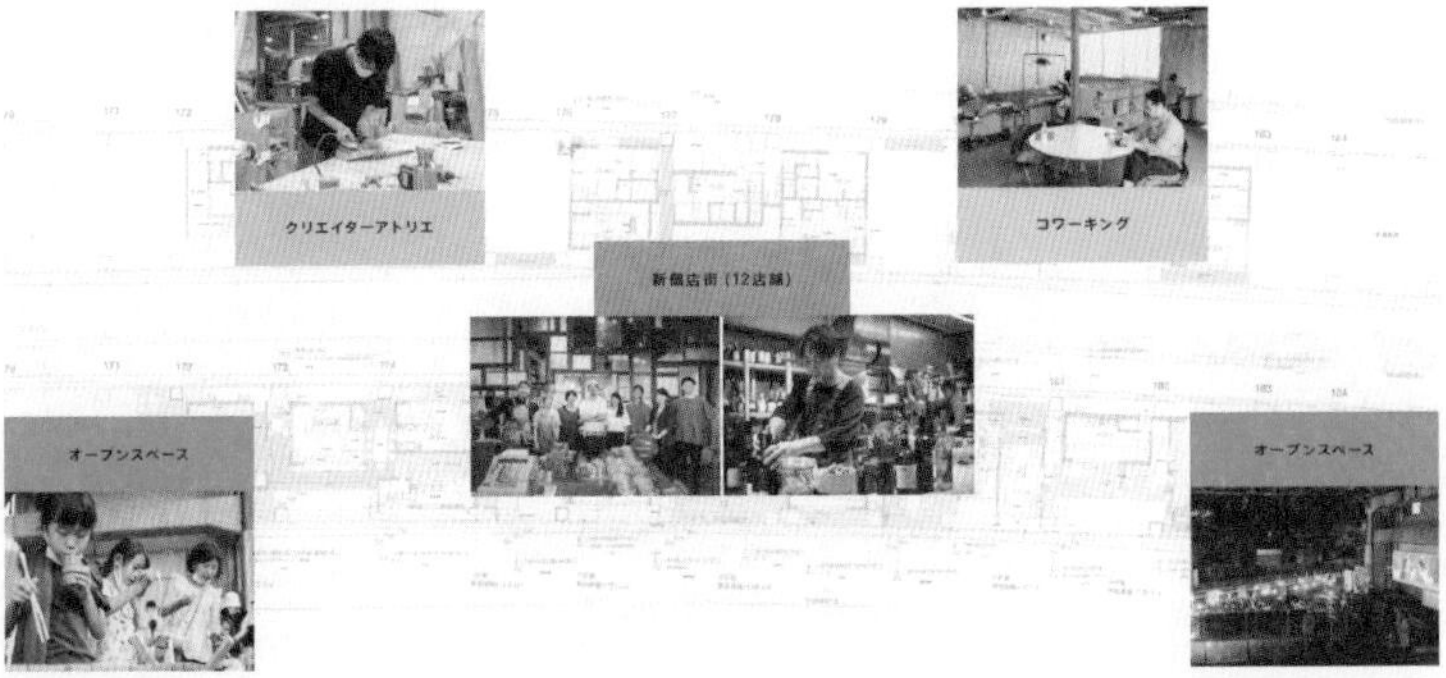

跡地に新たに誕生するのが「学芸大学COLLECTIV」。5坪単位の12個の小さなテナントが軒を連ねる商店街と、コワーキングスペース、シェアアトリエ、オープンスペースの4つの機能から構成される複合施設です。地域社会とも連携し、「個人」のつながりや活動をエンパワーしながら、固有で豊かなローカルを育んでいきたい。

地元の人が集まってフリーマーケットを実施

長年、学大の住民や小規模店舗の経営者たちと交流し、共同してアリーマーケットやイベントを主催してきましたね。「学芸大学COLLECTIV」はなぜやろうと思ったのですか？

地域の人たちと様々な地域活性化の取り組みをしてきて、「まちに参加したい、まちの人とつながりたい、まちに居場所がほしい」という個人の声を多く聞かされて、会社や家族の枠組みだけではない「個人」として地域で営む拠点が必要だと感じました。「路地裏文化会館 C／NE」でやってきたことの延長線上で、スケールアップした施設が欲しいと思っていました。

「学芸大学COLLECTIV」のテナントの特徴は？

学大在住であったり、学大にゆかりのある人たちの、最初のお店となるケースが多いですね。

ブックカフェをやるようですが、上田くんにとって本屋さんって、どういう存在ですか？

駅前の文恭堂書店さんと、「路地裏文化会館 C／NE」がコラボしてブックカフェを準備しています。私にとって書店とは、世界の現在地が凝縮された小宇宙。「もっと知りたい、もっと深めたい、もっとよくありたい」という知的好奇心に溢れたポジティブな場所。今、日本の各地から書店が消えつつありますが、町からなくなっていいわけがない。

好きな本を3冊あげてください。

『暇と退屈の倫理学』（國分功一郎）、『何でも見てやろう』（小田実）、『分解の哲学』（藤原辰史）

好きな映画を3本あげてください。

『SMOKE』（1995年）、『いまを生きる』（1989年）、『into the wild』

東急線高架下のフリーマーケット

（2007年）

上田くんにとって学芸大学はどんな街ですか。住民の特徴なども教えてください。

学大はジブンのまちです。転勤族でふるさとがない自分にとって、後天的なホームだと思っています。東京ならではの洗練さと人懐っこさ、優しさが同居する稀有なまち。住民は、会社勤めの方だけではなく、デザイナー、カメラマン、編集、広告、料理人、自営業など、クリエイティブな職業に就く方が多く、感度が高く、いろいろなことに寛容だと思います。

一番大変だったことを教えてください。

やはり、ベースは東急のプロジェクトなので、諸々の規制が強めであったり、社会性と事業性のバランスを取ることには神経使いますね。今回のような「支援型開発」はまだ事例が少ないので、エラーをたくさん経験して、よいパイロット版になれば良いなと思っています。

「学芸大学COLLECTIV」からのメッセージをください。

学大が好きな人たちの拠り所になるのはもちろん、市民や個人が主体の経済（シビックエコノミー）のあり方の可能性を示したいと思っています。

東京のような人工的な都市でも、自分が帰属していると感じるローカルがあることは幸せなことだと思います。そして、それは後天的にも手にすることができると思っています。

地域で配布した情報誌

能登半島地震支援の報告会

２０２４年２月21日

電柱倒壊（撮影・山本）

倒壊した大地（撮影・遠藤）

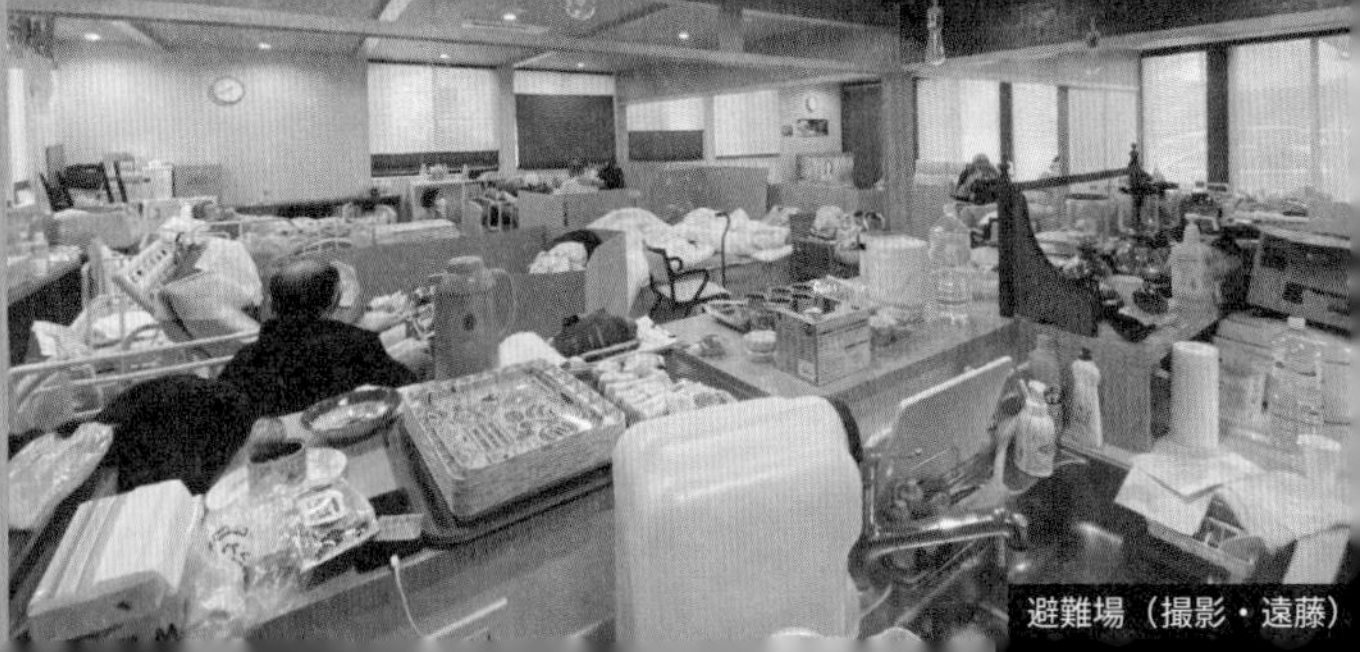

避難場（撮影・遠藤）

２０２４年1月1日に発生した能登半島地震は、新しい年のはじめに地域に大変な被害を与えました。いち早く現地に向かい、医療支援を行った二人の若い医師と看護師の報告会を聞き、リアルな体験によって知った課題や問題点など、今後の救援活動の参考になることを教えてもらいたいと思います。

支援チーム（撮影・遠藤）

能登半島地震支援報告会
動画アーカイブ
『イコール』では、さまざまな現場の当事者の声を聞くトークライブを実施しています。

登壇者

遠藤通意《みちおき》
兵庫県立淡路医療センター　外科・消化器外科　専攻医

山本知佳　看護師
福島県立医科大学放射線健康管理学講座

２０２４年1月1日の16時10分、能登半島地下を震源とする、M7・6の巨大地震が発生した。最大震度は輪島市で震度7。3月12日現在の死者は２４１人、避難者数４８０１名。主要道路が地震や津波、土砂崩れで寸断。県内全69港中60港が地盤隆起、津波、液状化で損壊、交通インフラが壊滅した。

過疎と高齢化が進む能登半島は、40年後の日本だという人もいる。高齢化率が5割を超えると、集落の維持は難しい。２０２０年の時点で奥能登の高齢化率は48・9％。輪島市など奥能登４市町では現在6万人の人口が、２０５０年には半減という恐ろしいデータもある。

さまざまな問題を抱える能登半島に強烈な亀裂が走った。日本各地から支援の手が差し伸べられた。医療方面では厚労省が管轄するＤＭＡＴ（災害派遣医療チーム）が有名だが、医療関係のさまざまな組織や個人が現地入りした。

『イコール』では、地震直後の現地で活動した医師の遠藤通意さんと看護師の山

仮設トイレ（撮影・山本）

仮設トイレの便器（撮影・山本）

本知佳さんの報告会を実施した。

お二人が共通して語ったのは、現場の混乱、医療ケアの必要な要配慮者の情報を把握することの困難さだった。遠藤医師は、一軒一軒薬局に電話して薬の在庫の確認してから※災害処方箋を出したという。

また断水の影響で避難者の衛生を保つのが難しく、特にトイレ環境の劣悪さが問題となった。

お二人の生々しい現地報告を聞いて、自然災害と共存せざるを得ない私たちの日常を再検討するべきだと思った。

※災害処方箋　災害救助法に基づいて、救護所や避難所など医療機関以外で発行される処方箋。

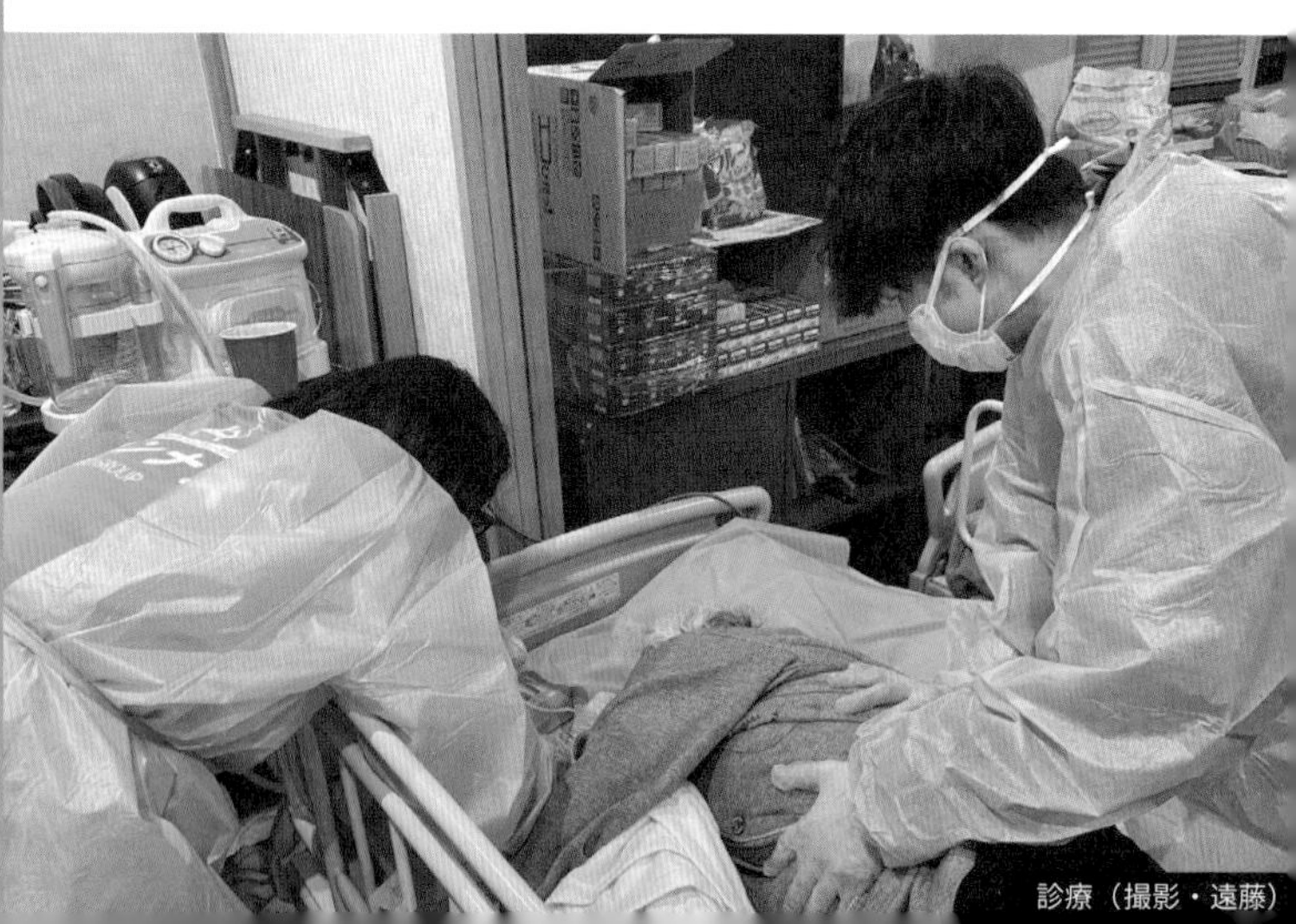
診療（撮影・遠藤）

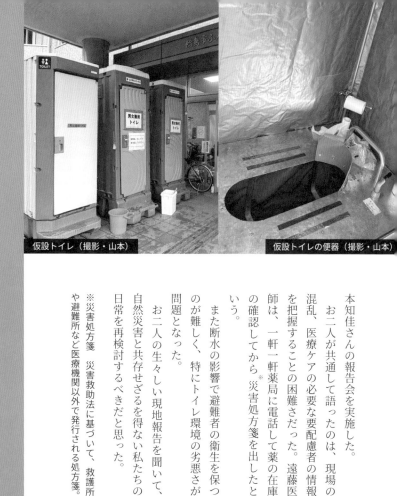

遠藤通意《みちおき》

兵庫県立淡路医療センター　外科・消化器外科　専攻医

災害現場では、どの科の医師であっても患者からは医師として認識される。「〇〇科だからと言わないでね」とのクリニックの先生の言葉が特に印象深い。医療が高度に分化し、他科を診る機会が少なくなっても、有事や将来に備え、柔軟に対応可能な医師を目指すことの重要性を、今回の体験から深く感じた。

山本知佳

福島県立医科大学放射線健康管理学講座

輪島市の福祉避難所では、被災された住民への支援活動を通じて、多くの経験と学びを得た。看護師として、避難生活における被災住民の健康支援を行う中で直面した課題を共有することで、現在も継続して必要である被災者の支援や今後の災害における減災に役立てたい。

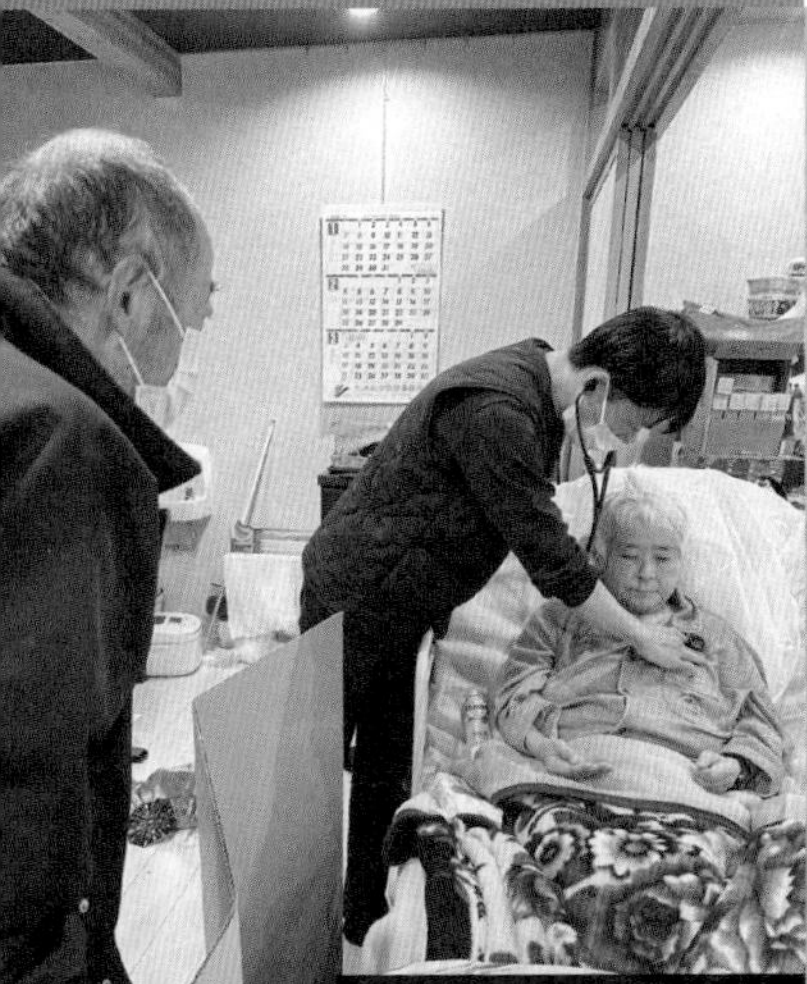

診療する医師（撮影・山本）

公文俊平情報塾

第2期実施中！

第1期公文俊平情報塾の勉強会

１９７０年代の終わり、日本の高度成長が終焉を迎えた時に、時の首相である大平正芳に「もう高成長は続かない。それどころか破局が来る可能性さえある」と提言した公文俊平先生は、日本の未来について、経済の側から、情報の側から提言してきました。私たちは２０１８年から新型コロナウイルス感染症が広がり始めた２０１９年まで「公文俊平情報塾」として、直接、公文先生に講義をしていただきました。

第1期公文俊平情報塾の参加者

中川大地　山肩大祐　境真良　鈴木敏行
榎本統太　石村源生　久米信行　後藤将之
松永統行　柄沢祐輔（故人）　高野雅晴
中尾泰治　前川珠子　森嶋良子　鈴木太夢
須田真　その他

事務局

大野誠一　橘川幸夫　遊佐ひとみ

コロナで中断した公文俊平情報塾は、第２期として２０２４年に再開しました。公文先生が紹介してくれた書籍の公開読書会を、Ｚｏｏｍを使って行うという方式です。

公文俊平情報塾の実施予定や過去の動画アーカイブは、ｎｏｔｅの「公文俊平情報塾（第２期）」でご覧ください。

公文俊平情報塾（第２期）

	開催日	課題図書
1	2024 年 1 月 21 日	「万物の黎明」（デヴィッド・グレーバー（著）, デヴィッド・ウェングロウ（著）, 酒井隆史（翻訳））
		第 1 回の課題は大著ですが今読むべき本として「万物の黎明」がよいかと思います。（公文俊平）
2	2024 年 3 月 15 日	「イスラエル 人類史上最もやっかいな問題」ダニエル・ソカッチ（著）, 鬼澤 忍（翻訳）
		「中東戦争全史 」山崎雅弘（著）
		いま「万物の黎明」のアーカイブを半分ほど拝見しました。なかなかいい感じで議論が進んでいますね。よかったです。 それでは次は、イスラエル - パレスティナ問題を取り上げてはどうでしょうか。 おそらくそれを知る・考える上での最善の参考書は、米国在住の人権活動家のユダヤ人であるソカッチの上記の本でしょう。それに日本のユニークな戦史研究家の山崎雅弘さんの本を併せ読まれるのがいいかと思います。問題の難しさが痛感させられます。どちらも「中立的」な立場からじっくりと書かれています。（公文俊平）
3	2024 年 5 月 10 日	「潜行三千里 完全版」辻 政信（著）
		「昭和の参謀」前田 啓介（著）
		私は昨日まで一週間がかりで、元日本軍の参謀で「作戦の神様」と呼ばれた辻政信の『潜行三千里』という本を読んでいました。日中間の繋がりの驚くべき深さ。実に多数の留学生を日中戦争中も受け入れていたとか、戦後も日本軍との関係がいろいろと残っていたとか、知らなかったことがたくさんあって、とても参考になりました。中国人の腐敗ぶりも赤裸々に描かれています。古い本ですが、読んでごらんになる価値は十分あると思います。副読本として前田啓介「昭和の参謀」（講談社現代新書）を推薦します。とくにその最初の章での「参謀」とは何かの説明と、辻政信を取り上げた章です。瀬島さんについての章もとてもいいです。（公文俊平）

熱心に行われた第 1 期の講義風景

公文 俊平（くもん しゅんぺい　1935年1月20日生まれ）は、日本の社会学者。多摩大学情報社会学研究所所長、多摩大学教授、立命館アジア太平洋大学アジア太平洋学部客員教員、情報社会学会会長。専門は、社会システム論、国際関係論。（Ｗｉｋｉｐｅｄｉａより）

蜃気楼大学

２０２４年２月４日、八王子の山中に蜃気楼が現れた。それは、未来の大学のような可能性に満ちたまぼろしの一日であった。

リポート もーりー（東京）
田原真人研究室

「蜃気楼」というまぼろしが、辰年の今年から形になっていく

久恒啓一（蜃気楼大学一日学長）

現在は全世代が力を発揮する、「全員参加型社会」へ向かう途上にあります。世界は大国主導ではなく、あらゆる国々が新しい秩序への参加を模索しています。そして日本においても、さまざまな形で秩序の崩壊がみられるようになってきました。社会を構成する「個人」が主役になっていく過渡期を迎えています。

「蜃気楼」は、暖かい空気と冷たい空気の境目に現れる、光の屈折によってみえるまぼろしです。司馬遷の『史記』に、「蜃」の吐く「気」によって、「楼」があらわれ、その気の広がりによって「宮」ができる。そういう記述があります。

未来というものは、この蜃気楼と同じように、初めはあやしげで、はかなく、まぼろしのような姿で登場するものでしょう。

蜃気楼大学は、現在と未来の間に一日だけ立ち上がる、理想の大学を目指す楼閣です。昨年のメッセージでは、この大学は年を重ねるごとに、充実し、まぼろし感が薄れていくことになるでしょうとの期待を述べました。

「蜃」とは伝説上の想像獣である「辰」のことであり、龍（竜）のことです。２年目を迎える蜃気楼大学の今年の干支は「辰年」です。天災と人災で不穏な幕開けとなった２０２４年ですが、辰年は明治維新、日露戦争など、物事が動く変化の年といわれています。

新雑誌『イコール』（橘川幸夫編集長）の創刊など、いよいよ蜃気楼が確かな形としてその姿をあらわす年となります。

蜃気楼大学では「いきあたりばったり」を標榜する未来世代中心の老若男女が織りなす昨年の参加者たちの幸福感あふれる熱気がさらに高まり、時代の最先端と最前線で躍動する「知」がさらに雄々しく前進するでしょう。未来を創る流れを一緒に創っていきましょう！

【多様性あふれる50の講座こそ、参加者社会の象徴】

蜃気楼大学は多様性あふれる講師たちの顔ぶれが、前代未聞の魅力となっている。キーワードは、「最先端」と「最前線」。前回の「知の最先端を追求している人たち」だけではなく、「現場の最前線で頑張っている人たち」にも多く声を掛け、前回「聞き手」だった人が、今回「話し手」になったケースが多く見られた。今年の「聞き手」が来年は「話し手」になって広がっていくのだろうと感じた。まさに「参加型社会」に向かっていることを感じた。

土とたねといのちの未来

【参加型社会の展開は「フェス」と「フリマ」がセット】

一方的な講義だけではなく、一人ひとりが思い思いの未来を語る「未来フェス」や、参加者個人が目に見える「モノ」にして表現・体現する「フリマ」の出店も増えた。

事務局に「次の蜃気楼大学で人力車を走らせても良いか？」という問い合わせがあり、すぐに現実のものとなったという。臨機応変に可能性を受け入れている。

【全員が「参画」者だった「蜃気楼大学」の運営】

50もの講座が同時進行で運営される蜃気楼大学は、さぞかし優れたマニュアルやスタッフが揃っているのだろうと思う方もいるだろうが、実はそんなことはない。蜃気楼大学では、話し手だけではなく、聞き手となる参加者も受け身ではなく、起こっていることを共有しながら「その場の運営にも関与していく」ところがまた一つの醍醐味であり、その体験を通じて「参画」意識がジワジワと芽生えてくる。

参加者A「責任者は誰ですか？」
運営側B「責任者は皆です」

これは今回、実際にあった参加者と運営側との間で起こった対話だが、誰かを頂点とする階層的な体制で動いていない蜃気楼大学だからこそ現れた関係性であり、非常に象徴的なコミュニケーションだろう。

2024 蜃気楼大学 講座リスト in 八王子大学セミナーハウス

	学びたい欲求と『非日常学習』 子どもとつくる、自分が育つ学び	山口紗矢佳 江川和弥 中村みちよ	フリーランス フリースクール全国ネットワーク代表理事 登校拒否・不登校を考える全国ネットワーク代表理事
	「それは本当にあなたがやりたいことですか？」	梅田雄基 やましょー 淵上周平	Biden 塾長 Biden 特別講師 Biden 特別講師
	事業者とメディアから見るメタバースコミュニケーション論	東智美（ぴちきょ） 武者良太	株式会社往来 ガジェットライター
地域と未来 （交友館 A）	『包括的思考』と持続可能な地域づくり	廣水乃生 藤井芳広	ADS 株式会社代表取締役、特定非営利活動法人友部コモンズ共同代表 NPO 法人いとなみ代表理事、一般社団法人コモンフォレストジャパン代表理事
	自作軽トラキャンパー生活	なすまん 二見宏明	自作軽トラキャンパー 自作軽トラキャンパー
	カムイの計らい	UtaE	ハポネタイ代表
	「もったいない」から広がる未来？「不便」という鉱脈にツルハシを立てろ！	森田晃蔵	社会福祉法人 P.P.P. 職業支援員
出版と文化 （図書館セミナー室）	アタマオカシイ本屋の、生き残り方を話しましょう。	手林大輔	株式会社書泉代表取締役
	メタバースイベント／舞台を絵本化する”メタバース L 出版”の試み ～みんなで生きるバーチャル空間～	える PHYSICAL 愛紅	メタバース L 出版代表 元公立小学校教諭 上品清楚純粋無垢なうさぎの獣人 Vtuber
	『ひとり出版社』という生きかた。私の場合	まき りか	「海辺の出版社」代表
	Kindle Direct Publishing（KDP）を使って、自分で本を出版しよう！	滝和子 m（メートル）	「あまやどり」出版代表 イラストレーター。こねずみ出版創設者
	隠れ家とアジトから出現する未来	高橋鉄平 田原真人	コミュニティバー「大人のすな bar」オーナー 一般社団法人参加型社会学会理事
蜃気楼セミナー （さくら館セミナー室 B）	「日本文明論」～「梅棹忠夫著作集」図解 PJCT の発表	久恒啓一 都築功 深谷康雄	NPO 法人 知的生産の技術研究会 理事長 NPO 法人 知的生産の技術研究会 理事 NPO 法人 知的生産の技術研究会 幹事
	田尻智監修『ゲームは「動詞」でできている』解説講義	浅野耕一郎	東京国際工科専門職大学講師
	イコール公開編集会議	橘川幸夫	『イコール』編集長
	「日本人論」～「日本人の幸福論」PJCT の発表	久恒啓一 垣内武 鈴木章子	NPO 法人 知的生産の技術研究会 理事長 NPO 法人 知的生産の技術研究会 幹事 NPO 法人 知的生産の技術研究会 幹事
	小規模多機能型の新しい塾をつくるには？	淵上周平 梅田雄基	編集者 Biden 塾長
未来フェス （講堂）	日韓未来フェス 実践報告未来フェス 研究発表未来フェス 実践報告	日韓未来フェス実行委員会 深呼吸学部 田原研究室 グシアサヌマズ	
出店ブース	ソーラン節パフォーマンス 莘点探究 大人のすな Bar Mana VRart ありえる楽考 明るい UFO 相談 あそびとしごとの良いとこどり「あそと」 Atlya 参宮橋 自己組織化フェス？自己組織化を体験する 10 週間 タロットカード Biden	フリースペースつなぎ有志 山口千咲 高橋鉄平 Mana VRart 鈴木利和 宇和原わこ あそと tsugugoto cafe 小林由季 田畑智子 梅田雄基	たまかつ
屋外	人力俥	田中宏典	人力俥夫

2024 蜃気楼大学 講座リスト in 八王子大学セミナーハウス

会場	テーマ	講師	所属
特別講義 （本館）	公開対話「KitCoin を巡る未来のお金と、お金の未来」	斉藤賢爾 橘川幸夫 高野雅晴	早稲田大学・大学院経営管理研究科教授 『イコール』編集長 株式会社ビットメディア　代表取締役社長
	公開対話「生成 AI 時代の善き街づくり	奥出直人 三宅陽一郎 柳瀬博一 田原真人	慶應義塾大学 AIC 特任教授および慶應義塾大学名誉教授 立教大学大学院特任教授 編集者、作家、東京工業大学リベラルアーツ研究教育院教授 参加型社会学会理事
	公開対話「たけいこうぞう対談」	武井浩三 松永統行	経営思想家 / 社会活動家 / 社会システムデザイナー 株式会社国際社会経済研究所・調査研究部主任研究員
	能登からの報告	伊藤紗恵 橋本勝太	合同会社 C と H　CEO 合同会社 C と H
	探究・創発に有効！？"意外な"参加型メディアとは？	高橋 翔 高橋隼斗 板谷友香里 水尻千桂	NoCoders Japan 協会 代表理事 iU 情報経営イノベーション専門職大学 4 年 株式会社日本計画研究所・戦略局長 Meta land college 代表 / メタバース医療協創大学理事
身体と創造性 （中央セミナー室）	セザンヌの問いはこれからも続く。鳴り続ける。	今井陽子	画家。東京藝術大学油画科卒
	頭の中、の外で考える。	オガサワラユウ	AR 三兄弟の三男。雑誌『イコール』の副編集長
	ヨガをして小説をかいた	青海エイミー	作家
	声と目が身体性ワークで 1 時間でどこまで変わるか参加型極限セッション	宮崎要輔	一本歯下駄 GETTA 開発者
組織とコミュニティ 記念館セミナー室 B	日本初：女性起業家グローバルイノベーションエコシステムが名古屋拠点に始動！ 今こそ「女性の日米連携」その圧倒力に迫る	鈴木世津 岡 京子	femUniti Inc. 創設者兼 CEO 株式会社きのくに未来ビジネスセンター代表取締役
	「当事者」としての組織作り：縁起的な組織観に基づく実践のアプローチ コミュニティ経営のすすめ	山田裕嗣 金野美香 畑中義雄	株式会社令三社　代表取締役 有限会社人事・労務 社会保険労務士
	一人一人の『私を生きる』世界を追求するコミュニティ型経営のリアル	井尾さわこ 細野真悟	アトリア代表・ワタシクリエイト主宰 グッドビジネスクリエーター
	土とたねといのちの未来	横山十祉子 鈴木一正	自然と人のシステム探究舎代表 富士山麓有機農家シードバンク　代表
多様性とイノベーション 交友館セミナー室 B	ラップアラウンドでネオソーシャルワークを実現したい	久保樹里 小山田育	日本福祉大学社会福祉学部教員。一般社団法人 ALLPUND 代表理事 一般社団法人 ALLOUND 理事 / エグゼクティブ・ディレクター
	LGBTQ+ 当事者アクティビストふたりの、痛みを力に変えるソーシャルアクションの歩み	宝本いつみ 吉川ヒロ	tomoni. tomoni.
	これからの時代のインパクト主導型イノベーションとは	辻 悠佑	Director of ICMG, CEO of ICMG Impact
	世界中の 壁 を『窓』に変える	阪井祐介	MUSVI 株式会社 代表取締役 / Founder & CEO
	テクノ未来美術館、生成 AI 絵画と動画で映画は作れるか？ 実践 AI 絵画	KAHUA	KAHUA VR Lab.
Tech &コミュニティ （大学院セミナー室）	デジタル音楽の最前線で一緒に遊ぼう！	やましょー	デジタル音楽家
	自己組織化する身体と心のワーク　?ソマティック・ファシリテーション：序？	小林由季	オンラインコミュニティマネジャー
	リアルで諦めていた夢を VR で叶える	ききょうぱんだ	VTuber
	言うことを聞かないこどもたちになってもらうための AI 活用論	サイケ ryuunack	アカデミーキャンプ 代表理事 VR アーティスト
	ＶＲファシリテーション：対話の場としてのメタバース	楯岡かおる	コミュニケーショントレーナー
教育 （記念館セミナー室 A	対話と探究で拓く教育の未来　京都市立葵小学校の実践報告	市村淳子 竹中紀子 北田朋也	京都市立葵小学校 校長 京都市立葵小学校 カリキュラムマネージメント主任 京都市立葵小学校 研究主任

みんなでアートを創る！

【自分で架けた「未来への架け橋」を渡ってみた人たちの話が聞ける場所】

蜃気楼大学で私は、見たことのない「景色」をたくさん見た。私は、蜃気楼大学とは、「自分が架けた『未来への架け橋』を渡った人たちの肉声が聞ける場所」だと感じた。

２０２０年初頭から世界中に蔓延したコロナ禍で、先行きが不透明になった。その一方で、世界中のいろんなところで、いろんなコミュニティが立ち上がってきていた。混沌とした先に「未来」が見えていない、でもその先にある「未来」も見てみたい。そんな大いなる「トランジションの時期（時代の転換期）」に生きる私たちの目の前に、蜃気楼大学は突如として現れたのである。50もの講座の中で、一人ひとりが自分なりに見せたい「未来」があって、その見せたい「未来」をいろんな人に見てもらいながら、「この橋なら渡っていいかも……」とか「じゃあこの橋をちょっと渡ってみよう」とか、もしくは「自分だったら、こんな橋を架けられる！」「橋を渡る前の自分のことなら、語れそう！」そういう気持ちを起こさせるための場だったのではないだろうか。

蜃気楼大学に参加してみて、その場で知り合った参加者同士が、分かり合えたり、本音でぶつかり合えたりする光景を何度か目にした。参加者同士、お互いの距離を詰めるのにそれほど「時間」がかかっていなかったのは、そこまでのコミュニケーションや対話の積み上げが、大きな枠組みとしての「共通認識」を相互の中に生み出しているからなのだろうなと思った。

リアルやオンラインの場で、読者同士のオフ会的な場所を設けたりしながら、お互いの相互理解を深め、大きな「共通認識」を作っていくことができれば、「参加型社会」の拡がりも、もっともっと大きなものになっていくのかも知れない。

そうした日々のコミュニケーションが集合し、出会い、再確認するのが蜃気楼大学という場の価値なのかもしれない。来年の蜃気楼大学に向けて、日々の生活とコミュニケーションを大切にしたいと思う。

新しい時代の中でさまざまな模索をしている人たちがいる

SCENE5 時代・人系

写真／オオムロトモノブ（東京）愛猫家

人生において「30歳」は大きな転機だと思う。

不定期連載

「30歳の転機」

「30歳」で人生を変えた人たちの声を聞いてみよう。

第一回

大学院生の時に三木谷浩史さんに出会い楽天を創業し、30歳の時に楽天副社長を退任して教育の道に飛び込んだ本城慎之介さんに、自らの「30歳」について聞いてみる。

インタビュアー **片岡利允**（長野）
学校法人軽井沢風越学園スタッフ

――２０２４年3月１０日 軽井沢の森の中で

本城慎之介

１９72年、北海道生まれ。学校法人軽井沢風越学園理事長。２０３２年３月（設立12年後、開校時の年少の子どもたちが９年生として卒業する時）に引退することを公言している。自分自身が40代で学園の経営に携わることができたので、可能な限り早めに次の世代にバトンを渡したいと思っている。いろいろなことをやってきてはいるが、やりたくないことは極力やらないように全力を尽くしている。ここ最近、また断りにくい依頼が増えてきたので、さてどうしたもんかと思案中。

▲楽天時代の本城慎之介さん

インタビュアーの私

2024年3月初旬。雲ひとつない青空の下、雪がまだ残る軽井沢の森の中にある秘密の場所で、僕が設立準備から携わってきた軽井沢風越学園の発起人であり、現在は理事長である本城慎之介さんにインタビューをした。スタッフや子ども、保護者からは「しんさん」と呼ばれている。

2022年12月、僕は30歳になった。それと同時に「独立」と「結婚」という人生の大きな転機を迎えることに。そのどちらの物語にも登場してくるのがしんさん。そして、しんさんもまた、30歳で「独立」と「結婚」を経験している。楽天をやめて学校づくりへと向かっていったのが30歳だ。

今回のテーマは「30歳」。僕自身は、大きなライフイベントを経て、ここからがいよいよ人生の本番なのかもという感じがしている。10代20代の時とは何かが違う。より社会に生きる感じもありつつ、一方で、より自分自身になっていく感じもある。だからこその葛藤や悩み、希望も絶望もあるような気がする。そんな30代という次の時代へと進みはじめた。

ここからどんなふうに歩んでいけばいいのだろう。どこへ向かっていくんだっけ。何を大切にしたいんだっけ。一人で悩んでいても仕方がないので、少し先を歩いている人たちに尋ねてみることにした。「30歳」をめぐって聞いてみたい人に聞いてみたいことを聞く。

最初の一人目を、しんさんにお願いすることにした。

30歳になったら独立する

しんさんが経験した「30歳」について聞かせてもらえると嬉しいです。

23歳の大学院2年生で就職活動を始めて、あとで一緒に楽天を創業する三木谷さんと出会い、24歳になった5月に一緒に働くことを決めたんだよね。その時にはもう「30歳になったら独立をする」って三木谷さんにも言ってた。自分の中での約束としても決めていた。でも、30歳になった時は「本当にやめられるのか」みたいな感じだったな。だけど、結婚して子どもも生まれることがわかってから、自分の中で約束の大切さがより濃くなってきた。

面白いことに、1995年23歳から7年間ぐらい三木谷さんと楽天とかの仕事をして、2002年に30歳になり、それから7年後の2009年に軽井沢に引っ越してるんだよね。そこからまた7年後の2016年には風越学園設立のプロジェクトが始まった。そんなふうに、30前の7年、30後の7年、それからの7年の節目は、結構大きかったんだよね。

30歳になるまでの7年はインターネットの世界で仕事をし、30になったあとの7年で全寮制の中高一貫エリート校をつくろうとした。楽天っていう、ある程度有名になった企業から出て、なんか社会的に意味のあることをしなきゃいけないんじゃないかとずっと思ってて。自分自身への呪縛だね。一方で、その時期にワークショップ的なこととも出会い、自分自身が感じていることと社会に対して自分がやろうとしてることのギャップをすごく感じていた7年間でもあったな。

２００９年には東京から軽井沢へ引っ越して、子どもの保育園探しの途中で「森のようちえんぴっぴ」と出会ってからの7年間は、たっぷりと自分自身との時間を取れた。社会からどう見られるっていうことはほぼ全く意識せず、毎日森の中で遊んで、子どものオムツを替えていたみたいな感じ。「次はどこに森のようちえん出すんですか」みたいなことを言われたりもしたけど、その時には、なんかすごいことしなきゃみたいな焦りはすっかり消えてたけどね。そんなふうに、30歳前後にいろいろあったなあ。

向かい風があったからこそ離陸できた

ただ、30歳っていうのはあったけど、そこに向かって動いてきたわけじゃないんだよね。

先にやっちゃってる自分がいるみたいな。

そうそう、そんな感じ。確かに「独立する」とは思っていたけども、計画的だったかっていうと、全然計画的ではなく。むしろ、偶発的に何かが同時に起こってきた。しかもそれは、追い風っていうよりも、むしろ向かい風だったんじゃないかな。ほら、飛行機って、離陸するときは向かい風じゃないと離陸できないみたいな話あるよね。結婚とか子どもとかって、一人で気ままに生きていけなくなるような向かい風であって。でも、その向かい風があったからこそ、思い切ってバッと離陸できたみたいなことがあったのかな。

でも、楽天辞めたあとずっと思ってたもんね。やっぱり残ってた方がいろんなことできたんじゃないかとか、もっとすごい人に出会えたんじゃないかとか。

何かを成し遂げれたんじゃないかとか。

そうそう。ずっとあったかなあ。そう思っていたから、２０１５年の秋に三木谷さんが夢の中に出てきて、「本城、お前の使命は何なんだ」って怒れるみたいなことが起こったんだと思う。でもそれを言ってるのは結局は自分だから。三木谷さんに夢の中で言わせてるだけで。それで俺の使命はなんだったっけって思った時に、またちょっと動こうっていうふうに思ったのかな。「機が熟した」って感じでは全然ないんだろうな、それは。

「機が熟した」って感じではない。

30歳もね。次の準備ができたから辞めますじゃなくて、全く何も決まってないけど、ひとまず「自分との約束なので辞めます」って言ってみた、みたいな感じだからね。

動詞のあとにいろいろくっついてくる

しんさん、動詞好きじゃないですか。

動詞、好きだね（笑）。

なんか、しんさんの話っていつも動きを感じるというか。

結局、動詞の後にいろいろくっついてくると思うんだよね。例えば、美しさとか、楽しさとか、辛さとか、苦しさとか。そういう形容詞、形容動詞、副詞みたいなのって、何かした後にくっついてくるから。作ってみたり、動いてみたり、歩いてみたり、飛んでみたり、壊してみたり、手を繋いでみたりとか、そこへのためらいはなくて。

断られるかもしれないけども、怒られるかもしれないけども、三木谷さんに辞めると言ってみるとか。そこへのためらいはないんだな。後からいろいろなものがくっついてはくるだろうなという感ではあるかな。

ずっと。

よく思い出すのは、とにかく一人でブロック遊びをしている自分なんだけど。作って壊して作って壊してを繰り返していくっていうバージョンアップみたいな感じとか、根拠はないけど自信を持ってやってみるとかって、小さい頃からかもしれないな。大学の時も初めての学園祭を立ち上げてみるということも含めて、それはずっとだね。うまくいかなかったこともいっぱいあるんだけどね。

1996年（24歳） 大学院2年生で三木谷さんと出会い、インターネットの世界で仕事をする。
2002年（30歳） 楽天退任、全寮制中高一貫校エリート校を目指す。
2009年（37歳） 軽井沢移住、「森のようちえんぴっぴ」と出会う。
2016年（44歳） 軽井沢風越学園設立プロジェクトが始まる。

失敗とか成功とかではない、しんさん独特の決め方や動き方があるよね。

遊んでるだけだと思うんだよ。シンプルに。遊んでるだけ。なんか遊びとかも、ほら、時間がある程度経過するとさ、「ルール変えてみない？」とか、「この道具使ってみない？」とか、「役割交換してみよっか」みたいな形で、ルールとかロールとかツールを変更して面白くするっていうか、また次の動きをつくり出すじゃない。

楽天の手前のところでやってたインターネット上の就職活動のメーリングリストも、就職活動を面白くするっていうか、遊ぶためにはどうしたらいいかなっ

ていうところからだろうし。真面目にロジカルに考えてたら絶対ちゃんと就職してたと思うし（笑）。絶対上場企業の副社長は辞めない方がいいし（笑）。学校なんか作らない方がいいし（笑）。真面目に考えたら、絶対にやっちゃいけないこと。というか、しない方がいいことだよ。リスクもあるし。でも、なんか遊びはね、真面目やロジカルからは生まれないっていうかね。うん。そんなこと考えてたら絶対遊べないから。

じゃあ、遊びはどこから生まれるんだろう。

どこからなんだろうね。なんか心の底から面白いことを求めてるんだと思う。全然他の大学行けたけど、まだできたてで1年しか経ってないSFCみたいな新しいところに行ってみようとか。中学校もね、サッカーやりたいから、なかったサッカー部を作って。でも1年生しか入れなくてさ。学校側のルールで6人しか入部できなくて、試合に出れないみたいな。本当は他の部に入った方がいいんだろうけど、でもやってみる。そういったところも含めて、どっから来てんだろうな……。

今この瞬間、こいつと遊べるかどうか

しんさんは、「仲間」をすごく大切にするよね。

そうだね。仲間のことは大切なんだけど、仲間になる手前のところというか、仲間になるかならないかわからない手前のところはすごい僕は好きな瞬間だし、そこを一番大切にしているつもり。そこの鼻はよく効くというか。

例えば、僕が「実は過去に楽天の副社長で……」みたいなことは言わないし、向こうからその気配を感じたら僕もダメだし、この人昔偉い人だったから仲良くなっとこうみたいな感じだと、もうそれが見えるから、なんかこの人とはちょっと違うかもみたいな感じにはなる。

今、目の前にいるお互いのままで、好きなのかどうか、遊べるかどうかみたいな感じ。子どもってまさにそうじゃない。今この瞬間、こいつと遊べるのか、仲良くなれるのか、楽しめるのか、変なやつじゃないのかっていう感じで仲間になれるかが決まる。それはあるかな。

楽天辞めて「学校作ります」って言ったあと、むっちゃ来たもん。「こんな学校あるよ」「こんな学校売りに出てるよ」「ここでこんな仕事しない？」「だって学校を作りたいんでしょう？」みたいなのがブワーッて凄いたくさんあったもんね。怖いぐらい。

どんなふうに受け取ってた？

いや、なんか、やっぱ「学校作ります」って言ってるしさ。「学校作んないとな」と思うしさ。だから、その話に乗りたくなるし、乗ってみた方が物事が早く進むんじゃないかとかも思うし。焦りもあったから乗りかかったことも

あったし、多分その時って判断結構鈍ってたと思う。

こじつけでいいんじゃないかな

まあ、たまたま30だったって感じかな。きっと。

うん。

そこを意識して動くとか、そうじゃないと思う。「じゃあ私も30で」とか、「いやもう30過ぎたらじゃあ俺は40でとか」ってなっちゃうよりも、なんかたまたま偶然同時に起こることを、都合よく勝手に意味付けして繋げてみる。すると、「33でゾロ目だ」でもいいかもしれないし、「39でサンキューだ」って思うかもしれないし。こじつけると、なんかそこにぐっと自分の人生の節目が後からつくられていく。

僕の場合はたまたまそれが、後から「30歳」を節目としようと思い、なんかそっから7年刻みだって勝手にこじつけ、そして次は「60歳」に風越を辞めるんだっていうふうに勝手に思ってるだけで。全部こじつけでいいんじゃないかな。

こじつけると、自分ごとになるもんなぁ…。

インタビューを終えて

自ら口にする言葉をひとつひとつ感じ直しながら話すしんさんの話には、いつもちゃんと「しんさん」がいる感じがする。こっちかな、あっちかな。いや、やっぱりこっちかな。そうやって分かれ道でちゃんと立ち止まれるというか、立ち尽くせるというか。誤魔化さないし、隠さない。言葉と存在が限りなく一致している感じに近い。そういう話し方は、本人の働き方や人への関わり方まで感じさせる。僕は、30歳になった時、独立したうえでこの人とまだ仕事がしたい、遊びたいと思った。

この日、準備していた質問のメモはもう冒頭で手放したくなって、本人の前で伏せた。僕も今ここにいる自分のままで、今しんさんと一緒にこっちかなあっちかなと探りながら歩いてみた1時間ほどのインタビュー。30歳とはこうだ！と定義したいわけでも、30代をこう生きよ！と啓発したわけでもない。ましてや「独立」や「結婚」を推奨するのでもない。自分と重ねてみたときに内から湧いてくる何かの方にこそ、自分なりの30歳の捉え方や30代の歩み方を考える兆しがあるはず。そんなつもりで受け取ってもらえると嬉しい。

さて、これからどうやって動いてみようかな。どんなことで遊ぼうかな、どうやってこじつけてみようかな。そう考えると、これからの自分がより一層いきいきしてくる気がしてきた。

Campus Stella

【星辰の原】

阿部重夫

第一回

ディック未訳小説集／汝ら集まれ、幻滅の民よ Ⅰ

『ブレードランナー』だけではない作家、P・K・ディック「第二の処女作」の謎

P・K・ディックの未訳小説の話をしよう。

一時夢中になって、非SFの長編ばかり7冊も訳した。うち出版したのは『市《まち》に虎声《こせい》あらん』と『ジャック・イジドアの告白』だけ。あと5冊は日の目を見る日を待っているが、作者の生前から不遇だった作品群だから、翻訳も篋底《きょうてい》で眠ったままかもしれない。

二十代でプロ作家となったディックは、不本意ながら売れるのは荒唐無稽というか、キッチュなアイデアSFばかり、非SFの長編はどこの出版社からも断られた。それでもデビュー以降、口に糊するため乱作するかたわら、「実験小説」とも「メーンストリーム小説」とも自ら呼んだ、この売れ行き度外視の純文学小説を十年以上にわたって書きつづけた。

*

つまらないか、といえば、SFでもエンタメでもないけれど、すくなくとも栴檀《せんだん》は嫩葉《わかば》より芳しで、才能は紛れもない。チープなパルプSFが好みの山形浩生氏

(ヴァリス三部作の訳者)は、ディックの本領とみないかもしれないが、本来はこうした不条理な〝情痴〟小説を書きたかったのではないか。

ディックがこの系列を断念したのは、一九六三年に被害妄想が昂じ、三人目の妻と別れるに至ってからだ。何が彼をそこまで執着させたのか。

両親の離婚、母の過干渉、精神的な適応不全など理屈はいくらでもつくが、ディックがまだ十九歳で、法定年齢に達しないうちに結婚した金髪のジャネット・マーリンと、わずか半年で破婚に至った屈託を見逃すわけにはいかない。

気がついたら、彼はたちまち結婚していて、ワンルームのアパートで暮らしていた。バスルーム越しに彼女の紐ブラとアンダーパンツが干してあるのを眺め、キッチンに糊とアイロンの香りがたちこめていて、枕元の彼の横にピンカールが永遠の存在という顔をして鎮座していた。(第5章)

おれはちょうどお前ぐらいの年頃だった。エレンて女でな〜、中西部のご良家の出身だったよ。金髪でな。熱々のまぶい妖女さ。気をつけろよ。女はお前をぶっ壊す。お前にはな〜んも残らねえ。いったんつかまえたら、お前を食い殺すぞ。先刻承知さ。お前は使い捨て。離れたほうがいい。女がお前を咥えこんだら、ぜったい外に出してくれんから(第19章)

これが今回とりあげる未訳の小説『汝ら集まれ、幻滅の民よ』Gather yourselves together の一節である。刊行はディック没後十二年の一九九四年と遅いが、執筆はおそらく彼が二十代前半だった一九五〇年前後である。

五〇年代前半には、これまで処女作とされてきた『市に虎声あらん』が書かれている。つまり時期が相前後して処女作が二つある。双子にこだわったディックらしい。彼自身は二卵性双生児で、生後まもなく厳寒のシカゴで妹を亡くしている。

　彼のSFでおなじみのアンドロイドやシミュラクラは、この亡き妹の分身といっていい。では、双子の処女作のうち、どちらが先なのか。

　本作で透けて見えるのは、傷ついた彼のエロスであり、女性への生理的な恐怖と嫌悪である。マーリンはすでに二十代後半と、ディックよりずっと年上だった。この「年上の女」との失意の初婚が尾を引き、その心的外傷が生々しく疼《うず》いた。口うるさい母親の化身が、本作のアバズレ女のテディーや、凶暴な牝の野獣と化すバーバラなのかもしれない。

　本作の執筆は、早くてもジャネットと別れた一九四九年以降のはずだ。バーバラの黒髪や容姿、左傾した政治活動や書棚の読書傾向は、翌五〇年六月にディックが早くも再婚した二番目の妻、クレオ・アポストリデスが反映している。

　後年、彼が黒髪にこだわった（『黒い髪の女』）のは、十年近く連れ添ったクレオの面影が、どうしても忘れられなかったからではないか。彼が売れない実験小説を書き続けられたのは、おそらく糟糠《そうこう》の妻クレオが大学の事務職で生活を支え、草稿に目を通して励ましたからだ。彼の生涯でもっともよきミューズであり良妻だったのかもしれない。だが、子に恵まれず、不妊による疑心暗鬼から別れてしまう。

　誰よりも身近だったそのクレオが証言している。『汝ら集まれ』が先だったと。やはりディックは、早ければ五〇年半ば以降、本作を書いていた公算が大きい。

　では、なぜわざわざこのタイトルにしたのか。gather と together という畳語は英語表現としても大仰だ。それもそのはず、英語欽定訳の旧約聖書「ゼファニア書」第二章からの引用だろう。欽定版原文は Gather yourselves together, yea, gather together, O nation not desired というくだりである。

　　汝ら集まれ。然り、ともに集へ。おお、幻滅の民よ。
　　籾殻《もみがら》のごとくその日が過ぎ去り、詔言《みことのり》の行はれる前に、
　　主の烈しき怒りが汝らに下る前に、主の憤怒の日

が訪れる前に。

ゼファニア書は十二小預言書の一つだが、日本人の多くは「汝ら集まれ」がその引用句とはまず気づかないから、仮の題にはあえて「幻滅の民よ」を加えた。ゼファニア（ゼパニア）とは、その筆者とされる前七世紀の預言者の名で、冒頭にユダ王国ヨシヤ王への警告とあるから、やはり王国の滅亡を預言したエレミヤと同時代人、もしくはその時代に擬したとみられている。全三章と短いが、主の「怒りの日」が近づいているとの滅亡の預言と、唯一神ヤーウェによる救済が簡潔に記され、典型的な預言書の体裁をなす。

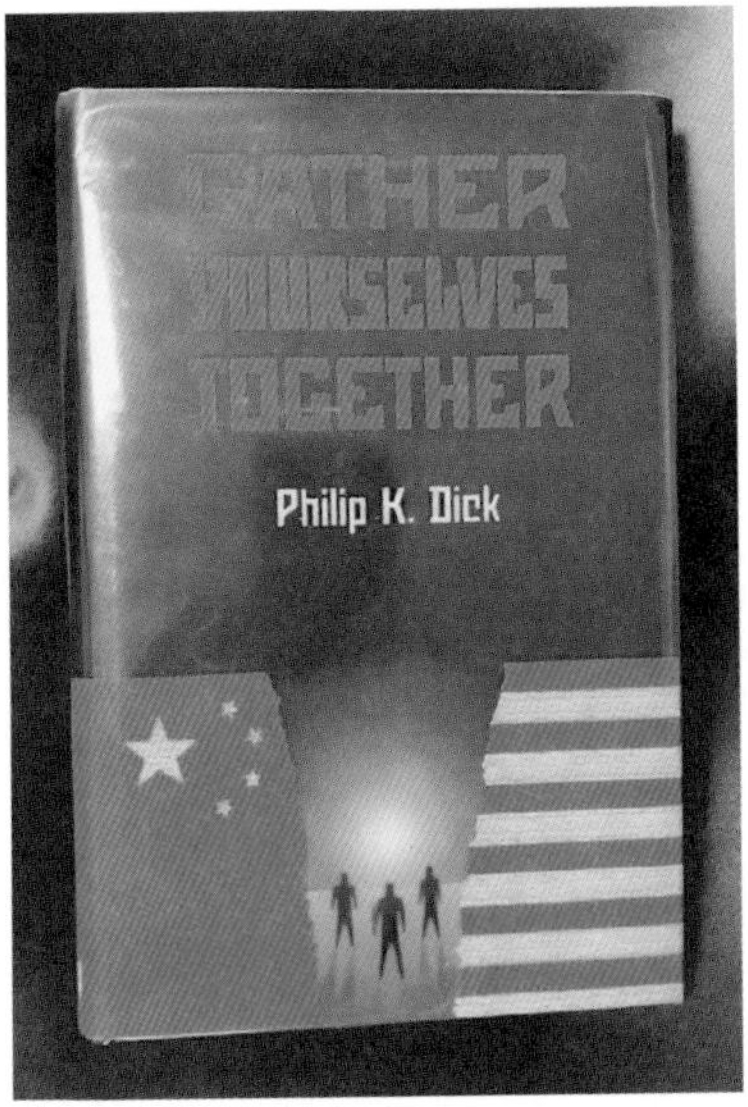

問題はここからだ。若きディックはなぜこの一句を選んだのか。そして、表紙になぜ五星紅旗が掲げられているのか。その謎解きは次号にしよう。

＊ ＊ ＊

阿部重夫（東京）ジャーナリスト

日本経済新聞社の社会部、整理部、金融部を経て論説委員、ロンドン駐在編集委員、『日経ベンチャー』編集長を歴任して独立。『選択』『FACTA』などの独立系調査報道誌の編集長として、電通利権の追及やオリンパス、東芝などの不正経理を白日に曝し、経済界に衝撃を与えた。現在はオピニオン誌『Σtoica』を主宰している。

日本を代表するジャーナリストであるが、SFファンの間では、フィリップ・K・ディックの翻訳者として知られ、『市に虎声あらん』『ジャック・イジドアの告白』（早川書房）を翻訳した。

著書に『イラク建国』（中公新書）、『有らざらん壱・弐』（オンブック）、『異端 モンタノス派：初期キリスト教 封印された聖霊』（平凡社）などがある。近刊翻訳書は『聖霊の舌』（ウィリアム・タバニー、平凡社）である。

でも暮らしい

民主主義の未来課題を探る 0001

岩谷宏（千葉）ライター・翻訳家

70年代ロックファンに多大な影響を与えた岩谷宏が、コンピューター関連の膨大な翻訳作業の時代を経て、私たちの社会と歴史に対して、独自の認識と展望を語り始めた。超強力連載を開始する。

これまでの民主主義の視点は、選挙や議会など、政治決定のための「方法」を民主化し、それがどんな政治かという、政治の基本構造の「中身」は問わなかったと思います。それは、なんか大事な課題がすっぽ抜けている感じがするので、この連載に着手することにしました。

情報がベースになる

そんなに超貧乏ではない家における、おそろしい幼女毒殺事件がひとしきり報道された直後（２０２４年２月）に、妊活と育児の専門情報サイトと思われる「たまひよＯＮＬＩＮＥ」で、スーパーで買い物をしているときたまたま、見知らぬおばさんからかけられた一言から子どもの指定難病疾患を同定でき、早期治療に結びついた、というニュースを読みました（Ｙａｈｏｏ！ ＪＡＰＡＮニュース経由）。医療専門家以外は誰も名前すら知らなかったであろうその難病は、赤芽球癆《せきがきゅうろう》と呼ばれ、赤血球の生産能力が低くて正常な生活や成長ができなくなる病気です。

スーパーでたまたま声かけをした見知らぬおばさんも、この病気を知っていたわけではなく、お母さんが連れていたその子の顔や皮膚などが「気になるほど白い」ことに目と心を取られ、「この赤ちゃん、とっても色が白いわねえ」などと言ってしまっただけです。その言い方には、非難や批判のニュアンスは、まったく含まれていませんでした。でもお母さんの方は、1歳1か月になる自分の初産の子がとても色白であることに、その言葉によって初めて気づくのです。

もしかしたら何かの異状かもしれない、と急に気になったお母さんは病院で受診し、指定難病と診断されます。1か月間、点滴の管を装着したまま、というたいへんな治療でしたが、見事、治りました。

この件で注目したいのは、病気を治すのはもちろんお医者さんや看護師さんなど医療の専門家ですけど、治療への最初の重要な入口を提供したのは、お母さんが日常的に所属している生活コミュニティからの、非常にシンプルな情報「特異と感じるほどに色白な子ども」、という所見と言葉だったことです。

病気完治のお礼をしたいお母さんは、しかしまだ今のところ、その天使のようなおばさんとの再会に成功していません。

この件から着想してしまうのは、子どもが育つ環境は古来、じいさん、ばあさん、おじさん、おばさん、近所の人たちなどなどから成る、広義のコミュニティを重要な要素として含むものであったのではないか、ということです。それに対し、毎日々々が父と母と子だけの生活空間である、いわゆる核家族は、子どもの育つ環境として非常に貧しい不具なるものではないのか。育児放棄みたいな事件がよく起きてしまうのは、子育ての責任を親だけに押し付けてしまうまわりの無知無感覚にも、原因があるかもしれない。

まわりにコミュニティのない、核家族だけの子育ては、支援する情報が貧しすぎます。

麦踏みを知らない農村暮らし？

昔の日本の、温暖な地域の農村は、ほとんどの農家が同じ土地で初夏から秋、秋から初春と、年に二種類の作物を育てる、いわゆる「二毛作《にもうさく》」をやって収入の足しにしていました。いちばん多かったのが、夏季が水稲（お米）、秋作が小麦という作付けだったと思います。だから今でも、うどんの名産地は全国各地にあります。

１９４５年の終戦までうちの一家がお世話になった農家もやはり二毛作で、秋から翌年の初春にかけては、水を落とした田んぼで麦を作っていました。

そんな農家で子どもが、仕事の手伝いと遊びを兼ねてやらされるのが、「麦踏み」という労働です。

秋に播いた小麦の畑は、正月前後の初冬ともなると霜にやられ、根っこが霜柱に持ち上げられて土から露出してしまいます。この状態を、元の、根が土にしっかり生えた状態に戻すのが麦踏みです。それは、単純に麦の上を踏んでいくだけの、散歩の延長のような作業です。

これを、子どもらもやらされます。晴れた冬の日の、自然の中の軽作業としては、けっこう、楽しかったです。

先日、脱サラして田舎暮らしを始めた

若い家庭を紹介するテレビ番組がありましたけど、彼らは二毛作に挑戦し、冬に霜柱で根が浮いた麦の苗を、移植ごてのウラ面を使って地面へ押し付ける作業をやっていました。麦踏みならぬ「麦叩き」です。小さな面積の麦畑でしたから、つらそうな作業ではないのですが、やはり「麦踏み」をやったほうが簡単でしょう。

思わず、その若い夫婦に電話してやりたくなりましたが、しかし彼らの現場がもともと農村ですから、当日中にでも、近所の農家に麦踏みを教えてもらった確率が高いでしょう。

そしてこの件で感じたのも、まわりにコミュニティがなくて情報環境が貧しいと、単純なことでも正しくできないのです。

だいたいそもそも、人間の生活の中でコミュニティの重要性がいちばん高いのは、子作り子育て環境だと思います。今、都市の核家族の孤独者には、そのかんじんのコミュニティ環境がありません。今では多くの人が、安心して子作りできません。

（うちなんか、田舎のばあさんなどが登場して初期育児を手伝ってくれる、最後の世代だったかもしれません。）

代表民主主義（選挙制）は歴史の最終目標／ハッピーエンドか？

ここまでは、コミュニティ（community、「共同体」と訳される）という言葉についてのイントロみたいな部分です。この文では、コミュニティは生活とそのための情報をある程度共有している人びと同士のことですから、単なるコミュニティや共同体よりも「生活共同体」とか「社会共同体」などの訳語の方がふさわしいかもしれません。

（それに対し、人類の初期の共同体は血縁共同体および／または生産共同体ですね。）

インターネットのような、コンピューターを使う相互的な情報通信ネットワークのことを、20世紀末の新語で「仮想コミュニティ（virtual community、バーチャルコミュニティ、仮想共同体）」と呼んでいました。でも21世紀に入ってその1／4を終えようとしている今（これを書いているのは2024年2月20日）では、コンピューターネットワークはいろんな通信手段のひとつにすぎないので、それに対して特別の名前を与える必要はないと思います。それは、玄関先での立ち話を、とくべつな名前で呼ぶ必要はないのと同じことです。

ただしもちろん、コンピューターとそのネットワークは、会話などの通信行為を、その範囲を広げ、スピードを速めてくれることは事実です。そのおかげでたとえば、これまで聞けなかった遠方の情報、生活の知恵などを、「今」といういちばん早い時点で知ることもできます。

情報の種類によっては、「これは多くの人に今すぐにでも知ってもらいたい」というとき、インターネットを便利に使えるでしょう。またもちろん、電波による放送も、今後はタレントさんのお笑いだけでなく、一般国民が、情報の緊急拡散のニーズに応じて、使いこなせるようになるでしょう――むしろよく考えると、電波を使用して放送を行う権利は、全国民にあるはずです。

放送権は全国民にある。

しかし私たち一般庶民は、これだけ豊富で多様な情報通信手段を持ちながら、自分の政治的意思を表明する手段としては、数年に一度、小さな紙の上に推薦する政治家の名前を書いて箱に投じるだけの、いわゆる「選挙」の「投票」しか持ちません。

こんなささやかな行為が、政治の実現という重要な課題の最終ハッピーエンドだ、と主張できる人はいないでしょう。まだまだ、重要な何かが足りない、と言ったほうが妥当でしょう。

また政治を現実に執行する側、すなわち政治家も、政治的意図の実現をほとんど唯一、「議会で法律を成立させる」という面倒な手段にのみ依存しています。私に詳しく書く能力はありませんが、法案を起草して、それの法律としての成立を実現することは、相当に面倒で時間（ときには年月）を要する作業です。でも実際には、早急な実現や判断を要する政治課題も数多くあります。

いまどき、政治課題の決定や政策としての実現方法は、もっと気軽で迅速なものであっても、いや、ものによってはそうであった方が、モアベターではないでしょうか。

いや、モアベターどころか、日々の社会に生じてくる問題や課題の中には、なるべく早い対応が必要なものも頻繁にあると思います。

家族の健全化とコミュニティメディア

この記事の冒頭ではあえて、農業（小麦の栽培）や医療（指定難病）のような一般的な話題を、人間の社会にはコミュニティが必要だという例として取り上げました。しかも今日の電波放送やコンピューターネットワーク（インターネット）などの通信技術は、「コミュニティの骨格として人類に利用されることを待ってる技術」、と言えるのではないか。何年も毎晩々々、同じタレントの顔を人びとが見るために、あの巨大な放送施設が作られたのではない、と思います。

高度な情報通信技術は、お笑い芸やナンパ／パパ活詐欺のためのツールではなくて、コミュニティの形成維持のための重要なツールとして誰もが使えるはずです。

たとえば、最新の情報通信技術でもって、新たに活性化したコミュニティを、有効に活用してほしいのが、『幼児虐待の防止』です。殺人者に同情しても活路は見えてきませんけど、今子どもを生んでしまう女性の中には、育児の体験的知識をもってないし、まわりにも教えてくれる人がいない、という人が相当多いのだと思います。

女性が、生んだばかりの自分の子に対する殺人者になってしまうという、不気味な事件がときどき起きるのは、その出産を祝福し介助するコミュニティが皆無だからです。しかしさっきも申したように、現代および未来のコミュニティは、構造の重要な部分を「技術」が担えるはずです。そのためなら、有益な情報をたくさん持ったおばあさんＡＩなんかも、十分に政治の課題になります。

と、まあ、抽象的に言うのは簡単ですけど、そんなネットワークコミュニティの実現と有効化のためには難題も数多くあります。

モデルケースを作って課題を実際にチェックしていく、という作業部分が最初は絶対的に必要と思います。たとえば、「父《てて》無し子を立派に育てるために必要なこと」を、現実の中から拾い上げ、実現していくのです。昔のじじばばご近所ネットワークの、そっくりさんの再来は無理ですから、それよりももっと良い、ご近所コミュニティはいかにあるべきか。

現状では私たちは、幼児虐待が疑われるアパートの一室が近くにあったとき、まずどうやって彼らにアプローチするのが、良い結果を得るための第一歩の攻め口か、全然わかりませんね。児童相談所ばっかりいくら批判しても、かんじんの私たちは有能になりません。この課題は、難しいです。難しいからわれわれ万人の重要な政治課題として、真剣に取り組むべきです。

もちろん指導者が必要ですけど、その指導者となる人の勉強課題も難しいです。

これまでの地域福祉制度における民生委員や、児童委員、児童相談所などにも、その蓄積した失敗談などから有益な情報が得られるでしょう。たとえばこれまでの児相には、その実働手足となるべきコミュニティワーキング部分がゼロです。失敗が、目に見えています。人間関係ゼロのまま、人間関係の問題を扱おうとしています。

しかし、私のような地域のヒマ人老人でも、良い指導さえ得られれば、昔のじい、ばあの代役を十分に演じられるでしょう。場合によっては、大学生のバイトでもいいです。

地域住民の地域活動能力の涵養、日本はこれまで、このいちばん難しいことを棚に上げたまま、時間を推移させてきました。でも、もうこれ以上、家族の崩壊を赤ちゃんの死に結びつけたくないですね。

――続く――

「でも暮らしい」は、
明日の民主主義 == デモクラシーの
実現に必要な、末端コミュニティのあり方を
デッサンしていきます。

岩谷宏（千葉）ライター、翻訳家
『ロッキング・オン』の創刊メンバー。80年代以後は、ラジカルなコンピュータ文化を追求し、批評・翻訳を行う。現在は千葉で捨て猫、捨て犬の保護活動を行いながら、世界の本質を追求する思索活動を行っている。

岩谷宏プロジェクト
（月額1000円）
https://note.com/metakit/m/m841103787f74
岩谷宏の最新原稿が読めます。今後、書籍化などのプロジェクトも準備中なので、関心のある方は会員登録をお願いします。

創業夢宿（1）

コスモヴィジョンNO．1

24世紀の超コミュニティ像

生活装置研究会

故・山手國弘は戦後社会の中で瞑想家として社会思想家として、多くの経営者、思想家、建築家などに影響を与えた。敗戦の混乱期に東大医学部の学生であった氏は、平凡社創業者の下中弥三郎の支援を受け、学徒動員から復員してきた東大生を中心にして「生活装置研究会」を設置し、戦後社会のあり方と人間の生き方の模索を開始した。「生活装置」とは、当時、席巻したレーニンの国家観である「国家は暴力装置である」という概念に対抗して「国家は生活装置である」というテーゼで議論を推進していた。

『イコール』では、戦後の幻の思想家である山手國弘の書き残したものを掲載していく。今回掲載するのは、『国際建築』（美術出版社発行）1960年1月号に生活装置研究会名義で寄稿した「24世紀の超コミュニティ像」である。

超空間のできごと

今日われわれはあなたを、未来社会探訪の入り口となる、ある結社の会合に案内したいと思う。この結社は、この世における具体的な目的・綱領・会則など一切もっていないように見える奇妙な結社である。それは三次元の空間ではまだわれわれの目に見えない超生物に育成しつつある法人群の進化のオルガナイザーによって構成されている。

したがって、それは超空間では、はっきりした変革の目的をもつ実践的なれっきとした結社である。しかし、この超多次元結社は、現世の特定の法人や階級などに対抗する政治結社・宗教結社・思想結社などではないから、秘密結社でなく公開の結社である。

かといって、三次元人には捉えどころがないから、加入も攻撃もできず、解散を命ずることもできないし、どこにあるかもわからない抽象結社である。たまたまその会合に参加している人も結社員であるとは限らないし、気がついてみると結社員になっている人もある。

四次元の超立体が三次元の障壁を滲透《しんとう》してすり抜けてゆくように、この結社は三次元人の社会組織のどこにでも抵抗無く滲透してゆく。逆に三次元の思想をもつものが、この超結社の実体に入りこもうとすると、入り口があって出口のない四次元の「クラインの壺」のなかに迷い込んだような状態になってしまう。発起したのはどの時代のどの国の地球人であるか、宇宙人であるかさえわからない。

要するに、その由来は不明であるが、あらゆる社会の不調和を、社会物理学的革命でもなく、もっと徹底的な社会化学的革命ともいえるような社会進化の内的制御によって、つねに是正しようとする、超次元人の超次元結社である。すなわち、この結社は多次元進化の「生きた意志」となるシンボリックな有機体なのである。その会合と、時と所とあつまる人によって、「コスモヴィジョンの会」「超次元会」その他いろいろな名前でよばれている。

有機的会合

われわれの参加した会合は、ごくありふれたビルの一室で行われている。ひとびとは、あちらこちらにひとかたまりになって静かに話をしている。激した口調などは、どこにも聞かれない。どのグループも何やら透視図のようなもの、生体内部の構造図のようなもの、見なれない有機的な感じの物体のスケッチのようなものをひろげてみて、熱心に論じあっている。われわれは、その一つのグループに参加して、一人の出席者に討論の内容について説明をもとめた。

かれは、快くひきうけると、仲間たちに、ちょっと視線を投げてから話をはじめた。この会合は、三次元空間のできごとに左右されないから、話の進行にも特別の制約がないように見える。それぞれのグループは、みな成りゆきにしたがって話をしているようでいて、全体として何かまとまった調和感がただよっている。

新入者には、だれかがすぐに話をはじめて「超次元同化作用」がおこなわれ、グループはすぐにあたらしい別のバランスで進行をはじめる。会合そのものが生きものの特性をもっているようである。さて、この親切な説明者は、あらましつぎのようなことを話しはじめた……。

未来社会の実体は多次元空間体

今日われわれの認識と行動の空間は、電子顕微鏡や電波望遠鏡などによって、素粒子・原子の次元から星雲の次元まで拡大したように見える。しかし、それはあくまでも三次元の空間についてである。ここで、われわれが探訪を試みようとしている未来社会のイメージは、現在にいたるまでの社会の三次元的なイメージの時間的な外挿法によっては得られない。

われわれが未来社会の実体を想像することが困難なのは、ちょうど石器時代の原始人が現在のオートメーション機械を思い描けないのと同じである。それどころか、単細胞生物が人間のような多細胞生物の世界を想像することができない事と比べたほうがよいかも知れない。それは、未来社会の実体が超多次元機能空間のなかに組み立てられる有機的法人機械の統合体であるからである。

現存する多次元空間

ところで、このような超多次元空間は、実はわれわれの三次元的に見える空間のなかにも存在している。つまり、われわれの身体にしても、現在の社会にしても、すでにこのような機能的超空間なのである。

われわれの肉体誕生は、こうした見えない超次元の「社会的クラインの壺」の入り口から投げこまれる事なのである。人間は「超次元クラインの壺」の中に生まれてくる三次元的意識の生物であるから、多くの現代人はこのような超多次元機能空間をしっかりと映像化する能力に欠けているのである。

なるほど、生体の細胞・組織・器官・個体の多次元構造は知られている。しかしそれは、まだかなり三次元空間での組織学的・解剖学的な構造としての見方に偏っている。

社会についても、このことは同様である。実際の多次元機能空間は、三次元のなかでは、たがいに滲透しかさなりあっているため、見分けにくいのである。人体のなかを漫遊する細胞生物は、おびただしい数の細胞にであうだけで、その多次元機能空間は見分けられないだろう。同じように、われわれ人間は、原始

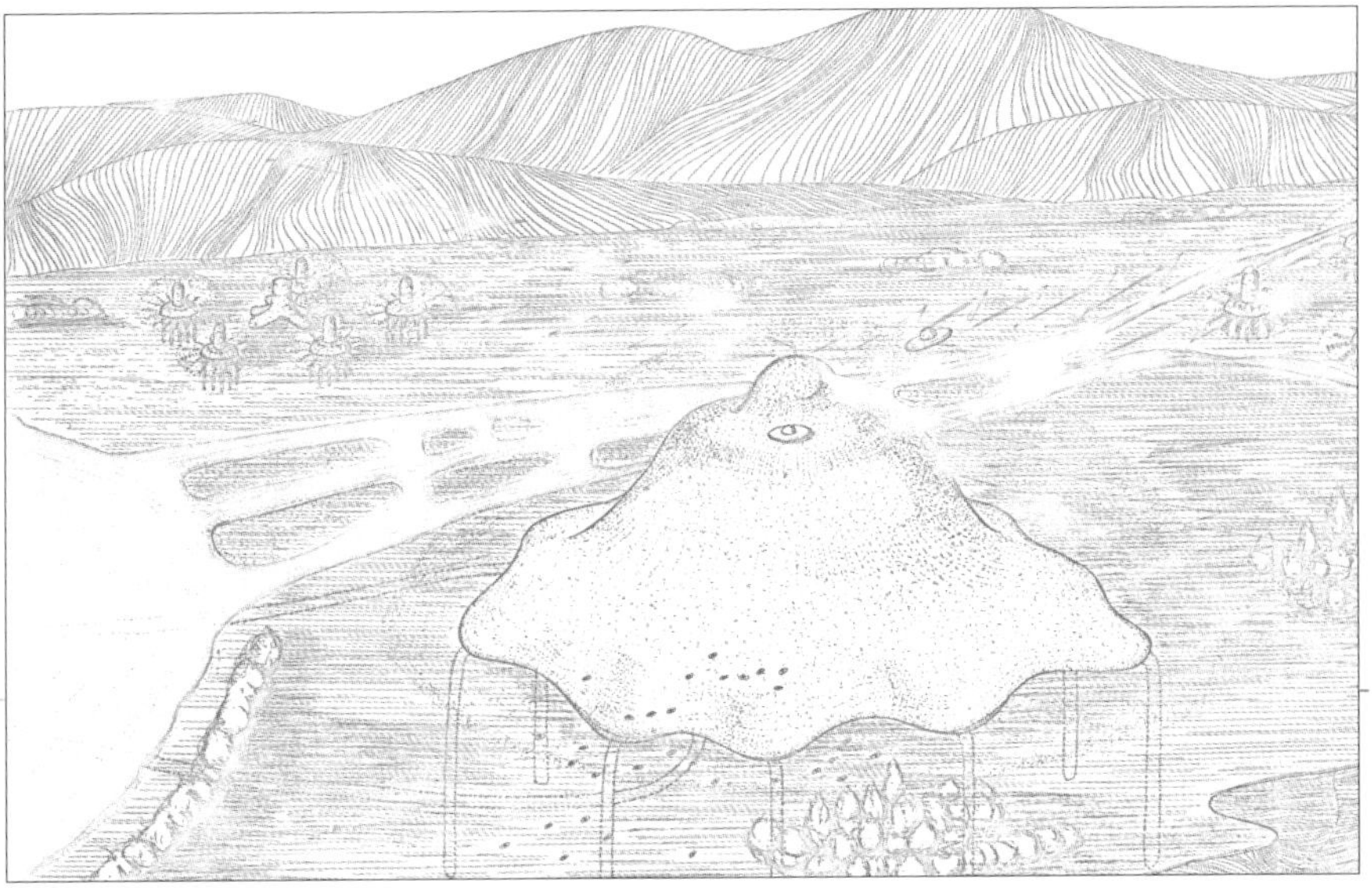

— 第１図 —

の性・食共同体である家族からはじまり、しだいに高次のコミュニティーを形成しながら発生成長する、細胞法人・組織法人・器官法人が、超次元の生物として有機的に結晶するさまを目のあたりに見、そのざわめきを聞きわける能力に乏しいのである。この超次元能力の欠如が、あらゆる個人的・社会的不幸を生み出す「超進化にたいする人間の不適応」の原因となっている。そこで、未来社会のイメージを描き意識的にこのような社会を創造する能力をもたなければならない。ここでかれは第一図のような図表を示した。

山手國弘

１９２４年10月10日、広島県生まれ。戦争とその後の混乱の中で、東京大学医学部を中退し、生活装置研究会を設立。その後、企業と社会のオリエンテーション機関として有限会社「イオ」（集団頭脳プロダクション・生活プロダクション）を設立。現代ヨガの会も主宰し、「原気呼吸による脱カルマ瞑想」を江古田・浅間湯コミュニティ・ホールにて行なっていた。１９９６年12月5日に72歳で亡くなる。著作に『シヴィルヴィジョン』（イオ　１９６５年）、『創業夢宿ライブ全24巻』（メタ・ブレーン　１９９２年）、『創業夢宿ライブ』（たま出版　１９９３年）などがある。いずれも絶版でネットでは高額で取引されている。

『イコール』と信頼資本

信頼資本財団はイコールと連携して未来の姿を探っていきます。

川島和子（東京）
公益財団法人信頼資本財団　代表理事

信頼資本財団

「おもしろい人が京都に行くから会ってみて」と知人に言われた公益財団法人信頼資本財団の前代表理事、熊野英介。「キツカワユキオ」と打ち込むと、人間や社会の本質を突いてくる言葉を軽やかに数多く繰り出している。たちまちその考えと距離の近さを感じ、信頼資本財団のシニアフェローになってもらった（今も）。

２０１３年、橘川さん企画の「第１回未来フェス」と我々の企画「第１回信頼デイ」を京都で同時に開催した。今思い出しても笑ってしまうほど大混乱した企画だったが、共に形を変えて生き続けている。

どこかの地域や世界で飛び跳ねている、あるいは飛び跳ねた後に苦悩している人なら、小学生から高齢者まで、勤め人・自営業者・作家・アーティスト・経営者・学者・官僚・政治家そしてデジタル最先端の風を受けている人まで、一直線に並べてつきあいながら生きている人。

２０１４年に橘川さんが出版した『森を見る力　インターネット社会以後を生きる』は、数年間、当財団社会事業塾のサブテキストとして塾生に配布していた。

熊野英介と橘川幸夫の未来会議

前書きは、今になって更に重みを増す名文である。

「インターネットは社会を便利で快適なものに変えたが、一方で人間の生命力を弱めてはいないか？　『木を見て森を見ず』の言葉どおり、わたしたちは細部にこだわるあまり、全体を見通す目を失っているのではないか？　ネットがあたりまえのものになり、データが氾濫する時代には、データではなく『森』を見よ！」

昭和半ばの雰囲気満点な東京・鶯谷のダンスホールで開催された出版記念パーティーもまた無秩序な会だったが、全員が等しく参加者として楽しんでいた。隅の方には、出始めて間もないオキュラス体験コーナーもあった。初の読者投稿のみで構成された雑誌『ロッキング・オン』や『ポンプ』を創刊し、パソコン通信からさまざまなSNSに至るまで試行し思索し発言してきた参加型一筋の橘川さんだからこそ、いち早く見えている世界があるんだろうと思いながら、興奮する人を横目に帰った。

10年後VRが一挙に広がっていく時代になって「やっぱり紙だぜ」と橘川さんは言い出した。「自己を研ぎ澄ます時代は終わったんだよ。コミュニティのコギトをつくっていく時代にはやっぱり雑誌なんだよ」と。新たな事業モデルを構築して躍り出たシェア書店と連動した販売もやっていくという事業展開まで考えた話になっているところが橘川さんらしい。

信頼資本財団は「人と人、人と自然の良質な関係性が増幅する事業を支援し、社会関係資本＝信頼資本もまた尊重され孤立を生まない社会を目指す」として２００９年１月に誕生した。「地域内で、企業内で、コミュニティの自我をつくる時代が来ている。そのための『イコール』なんだ」と語る橘川さんと一緒に動いてみるべき時がやってきた。

信頼資本財団と『イコール』のジョイント・トークライブ

「近代は個人のスキルアップの時代だった。次の時代は、関係性と共同体のスキルアップの時代だ」という認識の元に、コミュニティ生成型雑誌『イコール』を橘川幸夫はスタートさせました。同じく次の時代は「信頼という関係性が社会関係資本になる」という認識の元に、公益財団法人信頼資本財団を設立・運営してきた熊野英介との、未来を語り合うトークライブを開催します。

日時　6 月 13 日（木）19 時から
場所　風伝館（京都）
〒 602-8024 京都府京都市上京区室町通丸太町上る大門町 253 番地
TEL 075-275-1330

交通アクセス
京都市営地下鉄「丸太町」駅 2 番出口から徒歩約 5 分
京都市営バス「烏丸丸太町」「府庁前」バス停下車徒歩約 5 分
参加費　無料

当日の予定
1. 橘川幸夫による『イコール』のコンセプトと今後の展開についてのプレゼンテーション
2. 橘川幸夫、熊野英介のトークセッション（モデレーター：川島和子 信頼資本財団代表理事）
3. 全員参加のトークライブ

公益財団法人 信頼資本財団

第一回 AIのべりすと文学賞 受賞作品集

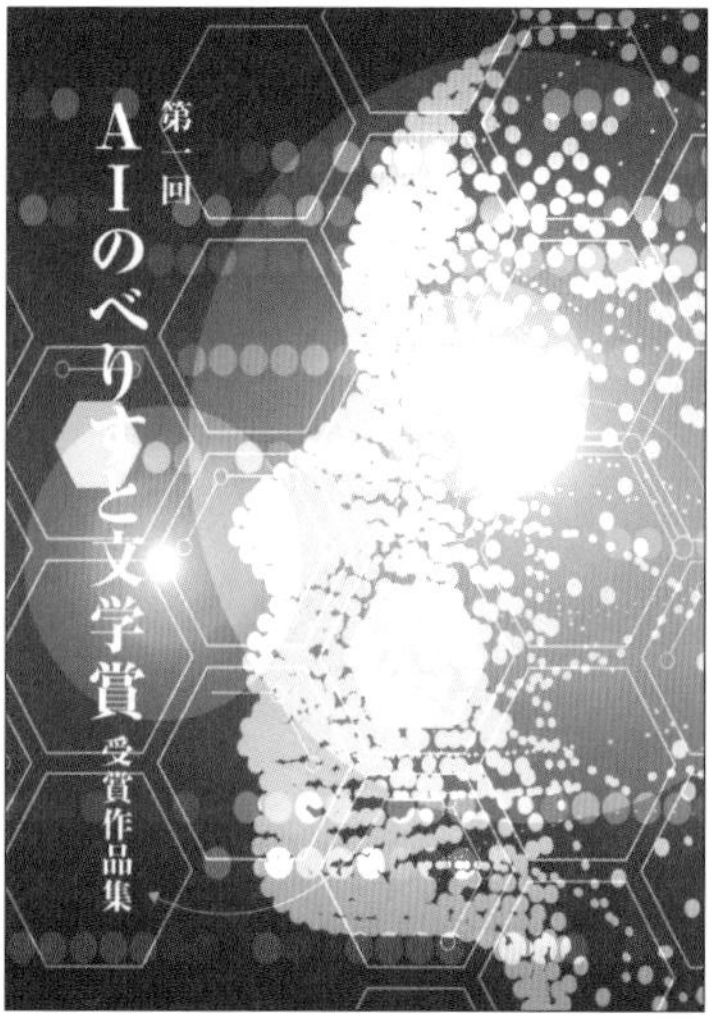

掲載作品

優秀作品賞
「Undo能力を手に入れた俺と後輩の桜井さんの長い一日」　m·inet

優秀作品賞
「５分後に探偵未遂」　時雨屋

AIショート賞
「空に還る」　宇野 なずき

coly賞
「好ってだけ」　坂本 未来

本書、未掲載の受賞作について
以下の2作品については改稿の上、市販の書籍として発行されますので、本作品集において未掲載とさせていただきます。最優秀賞「７９８ゴーストオークション」（高島雄哉）については出版社より市販化されます。小学館賞「カミガカリ不自然言語処理連続殺人事件」（ギン・リエ）については、「カミガカリ不自然言語処理連続殺人事件」（八女深海）として２０２４年６月に小学館より発行されます。

発行　デジタルメディア研究所
販売　メタ・ブレーン
定価　3000円
全国一般書店、
Amazonなどで発売中

時代精神としてのAIのべりすと小説

株式会社Bit192 AIのべりすと開発者　**Sta**

「AIのべりすと」は作家から与えられた文章のスタイルを模倣することを重視したAIモデルであり、これは当初から今までかわっていません。いま、AIの大規模なコンシューマプロダクト化が進められていますが、私たちが目指すのは数百万人が同じレールを走るマスプロダクトではなく、作家それぞれに宿る少し奔放な妖精であり、ティンカーベルのようなAIです。1つか2つ次の世代で、この価値観がまた顧みられる時がやってくると思いますが、その時にむけて、このようにツァイトガイスト（時代精神）を反映した作品が残ることがたいへん有意義なことと考えます。

第一回「AIのべりすと文学賞」概要

【募集内容】

「AIのべりすとalpha2.0」は、クリエイターであるStaという個人がGoogle TRCの協力のもと、525BG、文庫本約178万冊分のコーパスで、日本最大級の68・7億パラメータのAIを訓練した、AIノベルライターです。この「AIのべりすとalpha2.0」を使って書かれた新しい創造的物語を募集します。

「AIのべりすとalpha2.0」　https://ai-novel.com/

【募集期間】

二〇二二年二月一日（火）～二〇二二年六月三十日（木）

【結果発表】

二〇二二年十月三十一日（月）

【審査委員】（敬称略）
審査委員長 橘川幸夫（デジタルメディア研究所）
入江武彦（会社役員／著作権コンサルタント）
川田十夢（AR三兄弟 長男）
五味未知子（アイドル、タレント）
佐藤満春（放送作家）
竹内宏彰（アニメーションプロデューサー）
田口ランディ（作家）
ダ・ヴィンチ・恐山（ライター）

【協賛企業】

株式会社小学館、株式会社coly

SCENE6 孵化器系

イラスト／tatあt（東京）会社員

『イコール』は、コミュニティ参加型雑誌です。自分たちのコミュニティが成立していれば雑誌が作れる、ということを証明していきます。そして雑誌を出すことで、自分たちのコミュニティの活動が一層、活性化すると思います。『イコール』は一冊の雑誌の部数が拡大していくのではなく、さまざまな編集長の責任編集号を発行することにより、増殖していきます。最初の増殖号は、田原真人くんの責任編集号として、制作進行中です。あなたのコミュニティでも『イコール』を創刊してみませんか？

（橘川幸夫）

田原真人「私が創りたい雑誌」

田原真人責任編集『イコール』は、近代社会の崩壊と次の社会の出現を予感して動き始めている世界中の人たちの拠点（＝アジト）を相互に繋ぎ、国家という枠組みを超えた、新たな位相のコミュニティを生み出す「世界アジトネットワーク出版」を追求します。

ＡＩなどの最新技術に注目&活用していきます。

ＡＩなどの新技術が切り開く新しい可能性を積極的に模索します。田原真人責任編集『イコール』は、ＡＩ翻訳を活用して言語の壁を超える「多言語マガジン」です。その他、ＡＩによって生じる社会構造の変化に注目していきます。

『イコール』は、コミュニティ参加型の雑誌です。

原稿を書いたり制作したりする編集部のメンバーは、「田原研究室」という当事者視点の研究を行う集団です。編集部に入るためには、「田原研究室」に参画するか、編集長と友人関係になる必要があります。各地で拠点を作って、未来創造に取り組んでいるみなさん、繋がりましょう。

田原真人責任編集『イコール』発行準備中

コミュニティ編集部だからできる経済システムを作ります。

原稿料やデザイン料は、コミュニティ内でのみ使えるコミュニティ貨幣「TaraCoin」で支払われます。この貨幣で『イコール』が買えます。準備中の出版社、WAN出版が発行する書籍を購入できます。『イコール』の広告ページの料金として支払えます。

販売は、世界のアジトを中心に展開していきます。

シェア書店、シェアキッチン、空間交流装置を「21世紀のアジト3種の神器」と定義します。日本、韓国、マレーシアを皮切りに、アジアから世界へアジトネットワークを広げ、シェア書店や木箱書店を中心に販売していきます。また、各地の独立系書店とも協働していきます。世界アジトネットワークで連携したワークショップやイベントも実施していきます。

書評データベースを構築します。

誰もが自分の書評を公開し、公開された書評をデータベースで管理するシステムを構築します。その中から『イコール』紙面に掲載される場合もあります。

『イコール』は、増殖していきます。

橘川幸夫責任編集の『イコール』創刊0号をプロトタイプとして、田原真人責任編集の『イコール』は誕生しました。50人規模のコミュニティがあれば、『イコール』を発行できます。新しい雑誌発行の方法論を展開していきます。

▼コーナー分類
SCENE1　RADAR
SCENE2　アジト
SCENE3　出版・メディア
SCENE4　旅
SCENE5　周辺の思想
SCENE6　アイデンティティ
SCENE7　社会装置
SCENE8　時代・人
SCENE9　ビジネス・経済

田原真人責任編集『イコール』

世界中の壁を「窓」に変え、いのちをちかくする！

ＳＯＮＹが取得した１２０個の特許を抱えて「空間コミュニケーション」を社会に実装する阪井祐介さん

田原真人（茨城）
デジタルファシリテーション研究所　所長

未来を予感した開発者によって生み出される新しい商品は、時代に大きなインパクトを与える。ＳＯＮＹのウォークマンや、任天堂のファミコンなどは、まさにそのようにして生まれてきたものだろう。

ＭＵＳＶＩ株式会社の代表取締役・阪井祐介さんは、25年前にＳＯＮＹに入社したときに、遠隔にある部屋同士を隣にあるかのように繋ぎ、「空間交流が起こるようなテレプレゼンスシステム＝窓」のイメージが降りて来て、それを実現するアイディアを論文にまとめた。それ以来、阪井さんは、「窓」を実現するために生きてきたといっても過言ではない。

MUSVI 株式会社 代表取締役 阪井祐介さん

ＳＯＮＹで技術者としての仕事を続ける一方で、「窓」の開発を続けてきた阪井さんは、「モニターの向こう側とこちら側で、お互いが気配を感じるためにはどうしたらよいのか？」という問いに導かれ、そのための特許を約１２０個取得してきた。そして、２０２２年にＭＵＳＶＩ株式会社を設立し、ついに「窓」を商品化することになった。

阪井さんの葉山にある事務所（葉山アジト）を訪問し、阪井さんのビジョンと「窓」の実物を体験したとき、私は、「窓」は社会の構造を変える商品だと実感し、その衝撃に、しばらく言葉を失った。そして、実際に「窓」を使用しながら、その使い方の可能性を自分自身でも模索したくなり、2台購入して、1台を自宅、もう1台を気仙沼のフリースペースつなぎに設置した。

フリースペースつなぎの代表の中村み

ちよさんとは、東日本大震災をきっかけに知り合い、7年前から交流を続けている。若者たちのキャリア教育の一環として、2024年2月に東京で行われた参加型の教育フェス「蜃気楼大学」に招待したり、3月には、マレーシアのペナン島ラーニングジャーニーを企画するなど、世界を広げる手伝いをしている。また、つなぎ10周年イベントでは、若者たちが自分たちの声で語るパネルディスカッションのモデレーターを務めた。

「窓」で、自宅とフリースペースとが繋がったことで、いのちが近くなった。不登校経験のある繊細な若者と、「窓」越しで交流しながら、信頼関係を育てることができるようになった。初めての海外旅行に対する不安や期待の気持ちに寄り添うことができた。親御さんへの説明会にも「窓」で参加し、安心感を与えることができた。11周年記念イベントには、自宅の「窓」から参加し、サークル対話の参加者の一人として、当事者たちの言葉を聞き、自分の想いも伝えることができた。

親御さんへの説明会の様子

「窓」を導入し、自宅の部屋の壁が「窓」に変わったことで、自分を取り巻く世界がダイナミックに動き始めた。阪井さんが言うように、世界中の壁が「窓」に変わり、遠く隔てられているいのちが、お互いに近くなったとき、社会の構造は大きく変わるだろう。私は、その未来社会を、今、少しだけ先に体験しているのだろう。

つなぎの若者たちとの３ショット

田原真人責任編集『イコール』

藤井芳広さんが歩む道

次の世界を模索しながら歩き、
「森のてらこや」へ。
人々の渦を巻き起こしながら進んでいる。

田原真人（茨城）
デジタルファシリテーション研究所　所長

森の中の藤井さん

韓国を100日間歩き続ける

藤井芳広さんは、「高校2年生のときに、今の世界はこのままでは終わるから、今の世界のために学ぶのはやめて、次の世界のために学ぼうと決めた」と言う。それから20年以上、次の社会をひたすら模索してきた。

藤井さんの人生に大きな影響を与えたのは、憲法九条と東アジアの平和を守るために、韓国を100日間歩き続けた「Walk 9」という取り組みだ。最初の1週間ほどの予定は立てていたが、それ以降の予定は立てずに、江華島《カンファド》から、ソウルを経由して、時計回りに韓国を1周回り、韓国と北朝鮮の国境まで歩き続けたのだそうだ。最初は少なかったが、歩いているうちに、その取り組みを聞きつけた人が加わり、最後は、200人ほどまで膨れ上がった。予想できない展開の連続の中で、「すでに新しい世界が始まっている」という感覚が芽生えたのだそうだ。

歩いているうちに、韓国の人から「あなたたちがやっていることは、東学と通じるから、東学を学んだ方がよい」とアドバイスされ、藤井さんは、韓国から生まれた生命的な思想・宗教である東学について学び始めた。そして、その考え方を日本で自分なりに深めていくには、森に入っていくのがよいと直観し、韓国に近い福岡県糸島市に移住し、森林保全の活動を始めた。

また、特に福島原発事故後、次の社会へ移行するには、今の社会の主流について知る必要があるということで、糸島市の市会議員を2期（8年間）務めた。パタゴニアにコンセンサス型合意形成の方法を導入した廣水乃生さんからファシリテーションの手法を学び、政治に生かす方法を模索した。

「森のてらこや」の床板は不均一だ

議員生活を終えた後、ウィンド・ファーム（現在は、「森のてらこや」）というカフェを始めた。藤井さんが管理する森の間伐材を使って貼られたフローリングの床板は、幅が均一ではない。理由を聞くと、丸太からできるだけ多くの板を取ろうとするとさまざまな幅の板ができる。それを使って床板を貼るのは面倒なのでプロの工務店からは断られ、自分たちで貼ったのだとか。「木を大切にしたいという気持ちから、自然とこうなったのです」と藤井さんは笑う。

先日、藤井さんは、２年続けたカフェを閉店することに決めた。「韓国を１００日歩くというお題は、それができる状態にある人にしかやってこない」と言う。そして、「80日間のクロージング・フェス」を始めた。この決断により、停滞していた宇宙が再び回り始めるような感覚が生じているのだという。１００日歩いた後に見えた景色があるのと同様、80日間続けた後に見える景色があることを予感しているのだろう。

まだ存在していない社会を目指して

藤井さんは、森の実践を通して資本主義と民主主義のあり方の問題点を認識し、それを、森本主義と森主主義へと転換することが必要だと言う。そのアイデアを提案する書籍を執筆中だ。

藤井さんは、まだ存在していない社会を予感しながら、そこを目指して歩き続けている。そして、その周りには、予想できないさまざまな渦が巻き起こる。それが、藤井さんが歩む道なのだろう。

「森のてらこや」の床材

田原真人研究室とは？

時代が大きく転換し、次の時代の方法論が見えてきたときにやるべきことは、その方法論を実践的に研究し、「新しい時代」の教科書を書いていくことではないか。

田原真人研究室は、そのような想いから2023年3月に発足した在野の研究室。代表を務めるのは、一般社団法人参加型社会学会の理事、田原真人だ。

ゼミ生一人ひとりの研究テーマは多様だが、共通しているのは、「当事者視点での研究」であること。研究テーマの一部を紹介する。

田原真人（社会変革ファシリテーター）：参加型社会の構造と、社会変容プロセスの研究

森上博司（共創空間デザイナー）：拡大再生産を追い求め続けたコンサル業界の終焉と、次の未来に新たな共創空間を生み出すプレイフルな職場環境デザインの研究

前川珠子（働く出版企画、前過労死等防止対策推進協議会委員）：「働く生きる」聞き取り調査から探る、ＡＩ時代の新しい個と社会ビジョン

小林由季：複雑システム科学と自然主義哲学による生命原理の基礎的研究―生命原理に基づくコミュニケーション・コミュニティ・社会のデザインのために―

山口千咲：熟議型民主主義を社会実装するための研究。くじ引きで作るミニ・パブリックスでの熟議を「気候市民会議」を例に

成田有子（臨床心理士・公認心理師）：宇宙的営業 - 機械論的な世界観の中での営業から生命論的・宇宙論的なそれに移行するプロセスとは

梅田雄基（受験マネジメントスクール Biden 代表）：当事者である生徒を常に中心とし、その生徒の思いや問題意識を起点にした上で、多様な社会への参加を経験しながら、その生徒の個性と幸せを育んでいく教育技法の研究と開発

山口紗矢佳（コミュニティ・フィールドワーカー）：ナラティブ・アプローチによるソトヨメ研究～地方移住・三世代同居・地域コミュニティ～

黒尾信：参加型社会に向けた公教育の移行モデルの研究

菅恒弘：主体的な社会参加につながる新しい社会教育に関する研究

武藤優里菜：ミッフィー・編み物・キリスト教を融合し、どのように平和な世界を築くのか

田原研究室のゼミは、火曜日20時～22時、木曜日10時～12時にZoomで行う。毎回2名が研究発表し、他のメンバーがフィードバックするゼミ形式。各自の研究ノートやゼミの録画をDiscordに置き、研究室のプラットホームとして活用している。自分が人生をかけて追及したいテーマについて研究発表していく形式は、相互触発を生み、モチベーションを上げる。各自が声を掛け合って壁打ちをしあい、研究を深めている。自分の研究内容を1冊の書籍にまとめて出版したら卒業だ。書籍は、全国のシェア型書店や独立系書店で展開する。2024年には、最初の卒業者が生まれる予定だ。

あなたも田原研究室で研究しませんか？

詳しくはこちら　https://digitalfacilitation.org/tahara-lab/

タカハシ未来商品研究所

第一回

日本はもっと面白く楽しい「クニ」になれるはずだ。「コスプレ」という言葉を発明したタカハシが、日本のあらゆる行き詰まりの状況を面白く突破する提案を行う。

ちょっと待て！書店のこれからを考えよう

高橋信之（東京）
サイバーダイン代表

「本屋でカレーを売るのなら、僕はカニ缶をTシャツにする」

地元の書店がレトルトのカレーやシチューを売るようになった。

食品メーカーへの棚貸しだが「グルメ」「レシピ」「スパイス」など料理の本も、レストランガイドや旅行書などの配架もなく、純粋な食品売場だ。

ちょっと待て。本屋はお腹が空いているヒトが来るところなのか？

空腹なヒトはレストランに、時間とお金を節約するならファストフードやコンビニ、夜の献立を考えるヒトはスーパーや食料品店に行くだろう。

だが本屋は食欲よりも知識欲を満たしたいヒトが来るところだ。

料理やお店についての本、すなわち「知の食欲」との連動、あるいは酒の本との連携配架でこそ、書店内でのフード販売は相乗効果が期待できるだろうに。

せめてレトルトパックに小冊子をつけてご家庭で味を再現するためのレシピを載せればいいのに。

書店の危機が叫ばれて久しい。書店は生き延びるために、布団だろうがメガネだろうが食品だろうが、何でも売るようになった。「ちょっと待て」本屋さんは本屋さんらしい商品を開発したらどうなんだ。QRコードを使い「蟹工船」リバイバルを更に展開したい。

書店のレトルトフード棚▼

書店のサバイバル考察

その書店は駅前で大学至近の好立地。

だが大学の生協では本は10%割引で買えるし、図書館の蔵書は580万冊。

地元住民も集客したいところだが、周辺住民は独身の社会人が多く、少子化もあってこどもをもつ家族居住者は少ない。

書店も学生客を諦めたのか、数年前に常備在庫を減らし通路や書架に余裕を持たせた。さらに駅前に文具店がないことに注目して文具コーナーを拡充した。だが近くの百均、コンビニレベルの普及品が多く差別化は感じられない。

代官山（オトナ）蔦屋書店や丸善の高級文具とまでは行かなくても、中高年齢層向けの上級品とかフライングタイガーのような安価でもデザインの良い輸入文具とかを置いた方がよい。

インストア店舗なら、コンタクトレンズやメガネなどアイケア商品、携帯スマホ関連の商品を展開すべきだと思う。書店に来るのはお腹が空いているヒトよりもメガネくんの方多いし、来場客全員がスマホで電子書籍・コミックは読んでいる。

カニ缶Tシャツを売りたいのだ

最近、書籍・雑誌由来のライトアパレルや雑貨が世に出ている。

そんなラインナップに小林多喜二の「蟹工船」Tシャツがあった。

日本を代表するプロレタリア文学の作家にして社会主義者、党活動家であった小林が記した同作は、欧米の富裕層向け輸出品として重宝されたカニ缶製造員や漁船員たちの過酷な労働を描いた小説である。実際の蟹工船は1916年（大正5年）から始まり、別名、監獄船、地獄船と呼ばれたという。時の行政官庁は高級輸出品目として外貨を獲得できるカニ缶を評価し、その労働実態には敢えて目をつぶったという。

小説「蟹工船」（1929年）は、2008年に高橋源一郎と雨宮処凛との対談からリバイバルし、50万部の増刷となった。バブル崩壊、長引く平成不況、非正規雇用という現状はまさに「新しい戦前」であり、労働問題を改めて見つめようとする読者が多くいたのだろう。

▲小林多喜二『蟹工船』

多喜二のメッセージをしっかり伝えたい

既発の「蟹工船」Tシャツはレトロな装丁を模したデザインだが、正直、聞き慣れた書名と書影の模倣でしかない。はたしてデザイナーやプランナーが小説を理解した上で蟹工船の船影や構造、そこで作られたカニ缶とかを調べたのかどうか疑わしい。

そこで我が社も作ることにした。

欧文表記でデザインされたカニ缶ラベルもアイロニーテイストでTシャツに使えそうだ。カニ缶を模したブリキ缶のパッケージに格納してもい

タカハシ未来商品研究所

いだろう。

そしてＴシャツにはＱＲコードを刷り込む。電子マネーで普及した「ＱＲコードをスマホで写す」アクセス方法は応用性の高い有効な情報頒布のメソッドだ。

ＱＲサイトには蟹工船の解説、小説、小林多喜二の生涯についての解説を配置する。

近年描かれたマンガを読めるようにしてもいい。さらに映画『蟹工船』（１９５３年／パブリックドメイン）もある（新作もあるが）。『ゴジラ』（１９５４年）に代表される一連の東宝特撮で知られる伊福部昭が音楽監督を務めており、マニアには無償の映画コンテンツを配信すれば話題になるだろう。

１枚のＴシャツを着て歩き、ＱＲコードを撮って貰うことで広がる労働と社会問題の提起。

１９３３年、特高警察による不当逮捕と拷問により29歳で落命した小林多喜二の作品と党生活者の活動を語り継ぐためにＴシャツを着るのだ。

▲映画『蟹工船』

華氏４５１　本を着て歩くＴシャツブランド

ＴシャツのＱＲコードで手に入れる電子書籍／コンテンツ。

自分の支持する作家や作品、事象の歩く広告宣伝塔となって広げる本の頒布システム。

この活動スタイルに「華氏４５１」というブランド名をつけることにした。

ＳＦ作家レイ・ブラッドベリによる同作は、政府により書籍の所有や読書を禁じられた未来世界と焚書専門摘発警官としてのファイヤーマン（本来は消防士の意）が、ある時、読書のすばらしさに気がつき、やがて政府の監視がおよばない森に逃げてブックピープルとなる物語だ。

ブックピープルは禁制となった書物の所有を行わず、自らが書物の１冊となって全文全ページを記憶し、暗唱で次の世代に継承しようとする本の保護者。ちなみに華氏４５１とは焚書で焼かれる紙の燃焼温度のことだ。

そもそもＴシャツとは１９６０年代、米国でのベトナム反戦デモで大学生たちが下着にメッセージを書いたと

▲映画『華氏４５１』

▲小説『華氏４５１』

ころから始まったファッションだ。そこからロック音楽、映画、サブカルチャーの絵柄が好まれて世界中に広がっていった。アピールメディアとしての遺伝子を内包しているのだ。

QR×Tシャツ=QTee

小説／書籍だけでなく、映画の本編や予告編、音楽、おもちゃ、スポーツ、グルメ、思想宗教信条。

それぞれが愛して止まない事象を着て歩く。

ブランクQT、プリセットQTも出そうと思う。めいめいに画像や動画をアップロードし、そのTシャツを着て歩きリアルな出会いを通じてアップされた内容を広める。

音楽フェスの記念QTではメインタイトル動画や出演者のセットリストがプリセットされ、そこに会場で自分と仲間が撮影したスナップや動画を追加保存することができる。

フェス後にTシャツを着ればいつでも感動をプレイバックできる。

観光地の名景や動画のみやげTシャツに家族や仲間との記念画像・動画を保存してもいい。

応用としては落語の演目解説と動画QRを添えたてぬぐい、こどもの離乳食メニューへのアクセスQRを添えたエプロンなども作れる。

▼蟹工船QTee

着衣または携行する繊維製品にQRコードを刷ることで、スマホの中の「どこか」に収めたネットのアドレスへのアクセスを手軽にしようという企画となった。

同人工房としてのファクトリー書店

書店でTシャツを売る時には大きな弱点も存在する。

それはボディの色とサイズだ。

こどもと男女を考えると、S・M・L・XLの4サイズとカラーは白・黒・赤・黄など――4色の品揃えが必要。ひとつの絵柄について16バリエーションを用意しなければならないという弱点がTシャツ市場には存在するのだ。

ならばヒートプレス機をおき、ストックされた無地のボディと購入した図柄のDTFシートをその場で熱圧着させて商品を手作りする。

コンビニと同じ複合機や特殊加工機、オンデマンド印刷機なども置こう。

来店前に送信しておいた画像データを加工して同人誌や

同人グッズを作れるようにする。それらには書店が発行するＩＳＢＮコード（シール）を付与して、利用客は手売りする冊数は持ち帰るが、それとは別の冊数を専用書棚に配架する。

最近人気のシェア型書店の発展形で産地直売のファクトリー書店の誕生だ。

書店版元のＩＳＢＮコードがあれば、取次に戻る返本輸送トラックに載せて倉庫経由で他の書店に再送本ができる。各地のファクトリー書店は小さな版元（マイクロパブリシャー）として書籍流通では認識され、顧客が支払った製造コスト・著作コストで成立した商品へコード貸しすることでリスクなく版元利益を得る。

同人誌・グッズの個人通販時に売主・買主が負担する郵送費に比べて、日本の取次が組み上げた書籍の送本・返本コストはかなり安い。

クリス・アンダーソンが著書『メイカーズ 21世紀の産業革命が始まる』（ＮＨＫ出版／２０１２年）で予見したＩＴとイノベーションツールによる産業革命は見事な予言書だったが、もしクリスが日本の書籍の再販売許可制度と返本という世界で一例だけの特殊な流通システムを知っていれば、間違いなく日本版には「書店が出版社になる日」という章を加えたと思う。

▲書籍『メイカーズ』

表現と品質の保証者が必要

この新考案での最大の問題は内容の監査と校閲である。

表現内容に差別表現や誤謬誤認がないかを既存の版元は編集者、監修者（査読者）、校正校閲者を入れることで点検している。

ならば書店ＩＳＢＮを希望する顧客（創作者）向けに、内容品質を担保するオンラインチェックを請け負う査読校閲評価システムを作ろう。

マイクロパブリッシャーにならんとする同人作家や支援書店は予め評価システムに査読校閲を依頼し、その承認番号をＩＳＢＮと連結させよう。

その適合番号がなければ、ファクトリー書店も取次も流通と販売を請け負わない。検閲機関ではなく適合評価システムとして、あるいはさらに売れるための改良やマーケティング提供サービスとして、従来の版元が機能すればいい。

欧米とは違う独自の流通システムと創造的顧客を有する日本の書店には、まだまだやれることがあると思う。

▲蟹工船QTee

言葉の雑誌『パルプ』特別企画

「死にたい」の中にある、「生と死」についての言葉。

オガサワラユウ（東京）『パルプ』編集長

X（旧ツイッター）で、「死にたい」というキーワードで検索すると、無数のポストがヒットします。そして、秒単位で最新のポストが更新されていきます。

「死」とは、すべての命あるものに、最期に訪れるものです。

それを望む声の主は、どんな心でいるのでしょうか。

私はそのキーワードでポストする人たちを見ていました。

多くの人は、生きることに絶望して、つぶやいていました。

しかし、中には、その「死にたい」が、その人のやさしさや、強さからきているのではないか、と感じるものがありました。

重要なのは、フォロー・フォロワーの数でした。

私が「死にたい」のポストの中に心を感じたアカウントは、共通してフォロー・フォロワーの数が少数でした。だから、誰に届かなくても良い、アピールする目的ではない、ただ純粋な「死にたい」とつぶやきたい心があると感じました。

今回は、その方々に連絡をとって、「生と死」「生きることと死ぬこと」についての言葉を書いていただきました。

読んでみると、暗い湖の上に、浮かんでいる気持ちになりました。

言葉を書いてくれたみなさん、ありがとうございました。

生きること。
全ての欲求に抗うこと。
自分に対する期待に妥協を
重ねること。
他人に期待をしないこと。
死ぬこと。
全てを受け入れること。

OSS
@odede_003
年齢：20歳
地域：非公開
4フォロー
2フォロワー

生きている今の自分のすぐ近くに死という
ものが存在していて、決して離れられない
ものだと思っている。
人間はこの「死」を早かろうと遅かろうと
絶対に経験する。
いつ自分、周りの人が死ぬか分からない。
だからこそいつ自分が死んでも良いように
未練の無い人生を送りたいと思っている。
実際そんなのは綺麗事で完璧に未練の無い
人生なんて送れない。それでも醜く、足掻
き続けて自分の生きた軌跡を描いて行きたい。

siro
@非公開
年齢：15歳
地域：大阪
フォロー数：
非公開

親から無条件に愛されるくらい、この人生は甘い。

私が歳を重ねる度、食卓にはショートケーキが並ぶ。

ゲレンデみたいな純白を残酷にもグシャリと歪めて、
突き刺して、口内へと運ぶ。甘すぎる生クリームは私
の味覚を満たして、得意げに言うんだ。

「生まれてきてくれて、ありがとう。」

そのセリフに、私は微笑むことしかできなくて。

「生んで、なんて、頼んでない。」

そんな一生分の親不孝、できっこないけど。

非公開
いっしょ
@__issho
年齢：16 歳
地域 : 東京
10 フォロー
11 フォロワー

言葉の雑誌『パルプ』は、
まだ創刊していない雑誌です。
創刊する前の、準備段階です。
『パルプ』は言葉を募集しています。
詩でも散文でも小説でも、
言葉であれば形式は自由です。
写真でも立体でも音楽でも、
それが言葉であればＯＫです。
雑誌では言葉をメインに扱いますが、
真のモチーフは、
その言葉に纏わるあなたの心です。
たくさんの人の心が通い合う場所にします。
水のように言葉が流れ、
淀み、留まり、広がったり染みたりする、
そんな雑誌を作ります。
あなたの参加をお待ちしています。

『パルプ』編集長　オガサワラユウ

辞書で「ぎしんあんき」を引くと、「疑心」の下に、―あんき【―暗鬼】とあった。その文字から目を離すことができないまま、三年前中学一年のわたしは誓った。おばあちゃんを暗い鬼には絶対しないと。なんだかすごい昔のことみたいだ。

そう、この間ずっとコロナ禍と受験生やってから活動範囲は極端に狭くなっちゃって、おばあちゃんにわたしの二つの秘密以外の隠し事なんか持つ余地もなかった。

おばあちゃんには絶対コロナに感染させちゃいけないとパパが早めに強力な空気清浄機を買ったので、幼なじみのミナとサキとでそれを囲んで、小学六年生のわたし達はさらにマスクをしてゲームしたりおしゃべりしてた。おばあちゃんはわたし達が遊んでる部屋には入らないで、二人が帰ったら窓を開けて空気の入れ替えをした。圧倒的に家にいた。家でたくさん映画を見た。夏の海で思い切り遊べないって人生初の経験だった。コロナがなかった場合わたし達はどうしてたんだろうって、そんなもしもはいつだって誰にも分からないことだよね。なりゆきで受験勉強は頑張った。とにかくそれは通り過ぎたことになった。

「璃子、モモくんが来たわよ」

階段の上から見ると、日曜日なのに高校の制服を着たモモこと百瀬昌隆が玄関の扉を開けたところだった。

「おはようございます、蕗子さん、いい天気ですね。きょうはリコを横浜までだけどちゃんと送ります」

マスクをしているのでおばあちゃんがちゃんと聞き取れるようにモモははっきり発音する。

おばあちゃんは満面の笑顔だ。「よろしくね」

モモはおばあちゃんのことをときどき名前の蕗子さんと呼ぶ。モモのうちのおじいちゃんとおばあちゃんがそう呼んでいるので、ごく自然な感じで言えてる。そう呼ぶとおばあちゃんが嬉しいのを分かっているんだ。

うちはパパがまるでおばあちゃんのことをおばあちゃんというカテゴリーに閉じ込めるというか、枷をかけるみたいにおばあちゃんと呼ぶ。そんなふうに聞こえちゃったのも、あのことを信じる要因だったかも。

おばあちゃんはおばあちゃんという響きの一般概念を超えた若々しさとかわいらしさと言っちゃうけど美しさを持っている。まあ最近ちょっとくたびれてきたようだけど。

モモ、いつもながらグッジョブ。くわえてさらに今朝に関してわたしがおばあちゃんに言ったことのウラを完璧に取らせてる。なぜモモは横浜までなのかはあえておばあちゃんには言わない。それはモモの慎み、じゃなくて嗜み？　モモの同級生のお父さんが亡くなられて、きょうは十一時から告別式なのだ。きのうのお通夜にはモモの家にお客さんが来て行けなかったから、同じくきのう行けなかった子達ときょう横浜駅で待ち合わせをして行くんだそうだ。そういう詳細はわたしから伝わっていると心得ている。なぜならわたしはおばあちゃんには中学一年の誓い以前からむちゃくちゃいろんなことを細部まで話すからだ。

おとといモモが珍しくうちまで迎えにきてくれると言ったとき、「そんなのいいよ」と言いかけてあわてて呑み込んだ。モモの家の方がワンブロック駅に近いのだから本来ならわたしがモモの家へ寄るのが筋だ。だけどモモがおばあちゃんになんと言ってくれるか、わたしは完全に予想できた。きょうは特別用心深くいる必要がある。いまさらモモとわたしが並んで歩いてたってなんてこともないんだけど、絶対誰かに見られるんだから、おばあちゃんにあらかじめ知ってもらって二人でいるところも見てもらうことが大事。おばあちゃんには何にも秘密がないっていうアピール。

きょうのことは絶対に誰にもいわない。永遠にパパとわたしの秘密になるんだ。きっと信じてもらえないし理解されない。「誓い」のせいとコロナのせいでわたしには反抗期なんてなかった。だけど饒舌は本当の秘密を隠すのに最良の隠れ蓑であることはわりと早く気がついた。

わたしはよそ行きの靴にぎこちなく足を入れる。なかなかにフェミニンな花柄ワンピースだけどフリルとかはついてないし花も幾何学模様っぽいし地の色もベージュなのでギリギリセーフっていうのを着ているからだ。それはママの両親、ママはわたしが生まれて三ヶ月のときに死んじゃったんだけど、つまりもう一組のわたしの祖父母が高校入学祝いにくれたもの。もう一組って言ってもパパのほうはおばあちゃんだけなんだけど。ワンピースの甘さをなんちゃってフライトジャケットを着て中和するのでスニーカーでもいいかと思ったんだけど一応パパとデートだからね。

「十時半頃に電話してパパを起こしておくからね」

とおばあちゃんが言う。

パパは二月から東京の田町駅の近くに小さな部屋を借りて、帰ってこない日が増えた。だから今日はお迎え兼お買い物をするのだ。

「いいよ、乗り換えのときにわたしが電話する」

「そおお」

田町駅には十時三十六分に着く予定。十一時頃に行くとパパとおばあちゃんには伝えてある。モモが横浜駅でそれほど時間を持て余さないで、わたしに十分間の誤差が許される絶妙な時間。

おばあちゃんに見送られてモモのうしろを歩く。踏み石を並べた通路の両側にメデューサの髪のように枝がのったくったコデマリが揺れてて花の盛りの頃はこの道はバージンロードみたいと毎年思う。もう真っ白な花はところどころになってて緑の大きな山に化けようとしている。ホーホケキョとひと声ウグイスが鳴いた。「うまくなった」とモモが言う。ホーホケッケッみたいにヘタくそな頃から今年の一年生が毎日練習をしてるのをモモも聞いていたんだね。ちょっと立ち止まっておばあちゃんを振り返って手を振る。

モモは自転車で来た。駅まで押して歩くつもりだ。帰りは一人なのでそれでぴゅーんとひとっ走りだ。お向かいの一件先の四つ角にコウちゃんが立っているのが見えた。

コウちゃんちの家の前は意味不明かつ不明瞭に空いていて、その奥に車二台分の屋根付きのガレージがあって雨の日でも遊べて秘密基地で、小さい頃から幼稚園に入る前からそこはなんとなく行くと必ず誰かがいる近所の子供たちの遊び場だった。さらにコウちゃんちは家の中に滑り台とジャングルジムまである魅惑の場所だったからよく上がり込んだ。

女の子はミナとサキとずっと仲が良くて、うちは二人の家の中間点だったしお客様が多くて美味しいお菓子がいつもあったから、みんながしょっちゅう来てた。もう少し遠くの家の子もときどき混じって、その兄弟とかもぐじゃぐじゃいて、親同士もみんな知ってて、まあ海辺の小さなムラの幼なじみってやつ。でもそんなふうに遊んだのは小学五年生までの話。帰り来ぬいにしえのよき時代だ。

コウちゃんは両手の親指をポケットに引っかけたまま「オウ」というような声を発した。マスクを外したモモはさっきのおばあちゃんの前の滑舌のよさを引っ込め「ウー」と返す。わたしは「アーオーン」みたいな。気持ちはおはようってとこ。

「来る?」とコウちゃんがモモに言う。「うん」とモモは言い、押していた自転車から右手を離し、スマホを持って親指を動かすっていう仕草をする。あとでラインするってことだ。

コウちゃんはちょっとあごを上げる。わたしはいちおう口角を上げて左手をひらひらと振ってやった。

モモはお葬式に行くんだから元気はつらつって感じではない。わたしもゆうべは遅くまでべしょべしょ泣いてたから寝不足なんだ。目が腫れちゃってたし、なかなか起きられなかったから、おばあちゃんにはパパが死んだらどうしようって考えて眠れなかったって言った。それは本当で普通のことだから心配させることではないしね。「泣いたの?」とおばあちゃんが訊くから「泣いた」って答えた。「たまには泣くのもいいさ」っておばあちゃんは言った。そうだよ、わたしみたいな子がたまに泣かないでどうするよ。

だけどおばあちゃんに申告したのよりはもっと盛大に泣いたんだ。パパのことを考えて泣いていたら映画の「カリフォルニア・ドリーミング」を思い出しちゃって。あれを見たときすごい泣いた。もうびっくり。あとでバースト・イントゥ・ティアーズってああいうことなんだって思った。

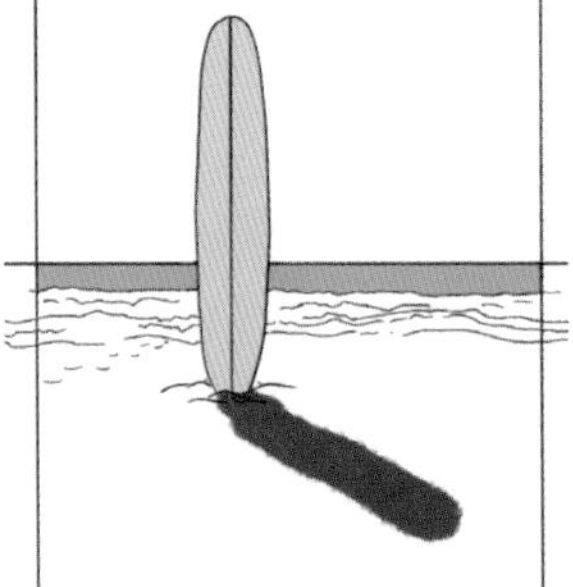

留守番しててひとりで見たんだよね。おばあちゃんは絵画教室に行ってた。コロナの前はうちにヨガの先生が来て何人かで習ってたんだけど未だに再開してなくて、今は絵の先生だった人のところで絵を描いたりコラージュ作品を作ったりしてる。それだとマスクしていられるしと言いながら、またお菓子をみんなで持ち寄っておしゃべりをしてるみたい。おばあちゃんにも息抜きは必要。
わたしだけだから有名なのにまだ見てないサーフィン映画を選んだ。よかったー。セーフ。あれはヤバイよね。最初はなんじゃこれと思ったんだけど、あのおじいちゃん役のシーモア・カッセルさんにぎゅとハートをつかまれちゃった。なんかもう抱きしめちゃいたい感じ。ぜんぜん似てないんだけどパパとはね、でもなんか似てるの。いろんなものを、人生とか、時間とか、背負ってる感じと、もうホントくだらないつまらない嘘を守り通すところ。パパがどんなことを思ってるかはよく分かんないけど。でもホント男ってバカって感じが愛おしくて愛おしくて。娘のあの台詞でもうばあっと涙が出ちゃったら止まらなくなって、やっと収まりかけたら今度はパパのことを思っちゃって、いろんなことがぐるぐるして、パパのことはなんにも知らないんだってことがよくわかって、なんか自分を責めて責めて、それもなんとなく仕方ないかって感じに収束しそうなところでま

たあのおじいちゃんのことが悲しくって、ってもう無限ループ。ゆうべはそれがまた甦っちゃって泣き疲れて眠るっていうのをやった。

パパは時計職人なんだ。腕時計を修理する人ね。パパに見せてもらったんだけど、昔の腕時計の中って小さな動物の心臓みたいにトクトク動いてて見ているとなんだか苦しくなっちゃう。前は高級腕時計の会社の修理部門にいたんだけど、会社がそこを縮小するときに会社を辞めたの。おばあちゃんがちらっと言ってたけど、パパが辞めることで他の人が会社に残れるからって。そういうパパが好き。でも銀座の隅っこというか東京駅のまあまあ近くに会社というか小さな工房を構えて今はけっこう繁盛してるみたい。すっごい昔の時計とか正規の代理店を通すと修理にそんなに待てないっていうくらい時間が掛かるようなものとかを直しちゃうの。それと最近はオリジナルの手作り時計を作ろうとしてるみたい。あのへんは家賃が高くて大変だっておばあちゃんは言ったけど高級腕時計を持ってる人の信用とアクセスの良さは大事なんだって。

結構忙しくて、前は電車がある時間には帰れないだろうっていう日だけ車で行ってた。でもコロナになっておばあちゃんに感染させちゃいけないからって毎日車で行くようになった。毎日往復三時間くらいなのかな。それって大変だよね。それでわたしが志望の高校に受かったときにアパートを借りたってパパが言った。借りる、じゃなく借りた、だよ。「育児放棄だ」って言ってわたしはおばあちゃんを笑わせたけど了承するしかないよね。でもそれはすごい裏切り。おばあちゃんが余計な憶測をしたり勘ぐりをしたりつまりは疑心暗鬼になっちゃうじゃん。でもそれはもしかしたらわたしのせいかもしれないのでパパをあんまり責められない。最初はわりとよく帰ってきてた。でも一ヶ月もしないうちに帰ってこない日が多くなって、ゴールデンウィークの後半はあっちに行きっぱなしだった。

女の人かなって、おばあちゃんと話した。その件に関してはそれまでも何回か話し合ってる。オープンにしとかなきゃね。それならそれでいいということになってる。だって、そうだよね。でももしパパがその人と結婚してもその人と一緒に住むのは難しいかなってことになった。生活が変わるイメージができなかったから。おばあちゃんがいるから今さらお母さんなんていらないし。でもその人が楽しい人だったら全く違った楽しい暮らしができるのかも。それは眩しすぎる光景で想像しただけで疲れちゃう。でも今のパパのお相手だったら当然仕事を持ってるだろうから、こんな田舎から通うのは大変。だから本格的にパパが東京に住むのもありかなって思った。パパが幸せならなんでもいいんだ。問題はわたしがパパを好きすぎるってこと。やっぱりパパが帰ってこないのはわたしのせいかな。

「おじさん元気?」

やっとまたモモが口を開いたらこれだ。まあね、最近はパパのこと見かけてないだろうしモモはパパのファンというか信奉

者だから。きょうの友達のお父さんは別にずっと病気ってわけじゃないのに突然死んじゃったらしくて、モモがそう訊きたい気持ちは分かる。だけどわたしだってわからないパパがホントに元気かどうか。わたしと買い物に行って車運転して帰る予定だから、それをしようというくらいには元気なんだろうけど。

「うん、たぶん」じつは心も体もボロボロだったりして。

　モモのお父さんは？　っていう社交辞令はなし。だってきのうサーフボードを抱えた小父さんと手を振り合った。

「きのうお通夜に行ったやつから聞いたんだけどさ、笠井、ああ笠井っていうんだけど、きょうの」

「うん、おととい聞いた」

「大学に行くの、大変になるかもって」

「ああ」

「生命保険のお金が入るからすぐには困らないけど、やっぱりお母さんが働かないとだめだし、だけどなんのキャリアもないからたいして稼げないだろうしって」

　そうか、わたしってバカなのかな。ゆうべパパが死んじゃったらって考えたとき、そういうことぜんぜん考えなかった。パパの生命保険ってあるのかな。貯金とか。おばあちゃんの年金で暮らすの？　それっていくらくらいなんだろう。

「だけど死んだからよかったけど、失踪でもされて、貯金とか全部持って行かれて、保険金もなかったらもっと大変だって」

　絶句。なにこのむらむらと沸き上るドス黒い怒り。それ言ったやつこそ死ね！　なんか呼吸が変。そんなこと平気でしゃべってぽけっとした顔してるモモもモモだ。知ってるじゃん。私がどんなにパパのこと好きか。

　パパ死なないで、失踪してもいいから。失踪？　失踪か。それはなんかロマンチックだな。パパが失踪っていいかも。わたしやおばあちゃんから自由になって好きなところへ行くの。背負ってるもの全部ナシにして生き直すんだよ。でもパパはそんなことしないだろうな。仕事が好きだし、それを全部放り出すってことはないと思う。仕事の道具を全部持って失踪ってそれじゃ失踪にならないよね頭隠して尻隠さずみたいな。探そうとしなければ大丈夫かな。失踪はしないかもしれないけど、ずっとこのまま離れて暮らすのかな、うちは。いや、そうならないようにきょう頑張るんだ。

中学に上がって少しして突然あの前髪パッツン子が現れて、三年前にわたしの生活は大きな秘密を抱え込んで緊急事態に突入した。悔しいけどコロナよりあいつの影響のほうが大きかったかもしれない。

「あなたのおじいさん、自殺したって本当？　浮気したっておばあさんが疑心暗鬼になって追いつめたんだって？」

みたいな感じ。腹いせにって言う言葉も入ってたかもしれない。頭が真っ白になっちゃったし強烈な単語が多すぎて文脈はあやふや。その子が誰だかもすぐには分からなかった。小学校が別でクラスも違ったからマスクを取った顔がぜんぜん思い浮かばなくて、長い前髪に隠れた目だけだと表情の見当がつかなくてどのくらいの悪意があるのか分からなかった。そんなに悪気はなくてただ確かめたいだけだったのか。そんなことないよね中学一年にもなって人に言っていいことと悪いことくらい分かる。いじめたかったんだ。なんか目障りだったかなわたし。あいつモモかコウちゃんのことが好きだったのかも。一学期で転校しちゃったから本当のところが分からないままになってしまった。ひとつありがたかったのは周りに誰もいなかったこと。「誰に聞いたの？」わたしはやっとそれだけ言った。「ママ」。ふん、ママだって。母親ということは大人の世界で噂で広まっているってことなのか。頭がかーっと熱くなって、だけどこういうときに相手を攻撃するようなことを言うと後で後悔するって分かってたから「へえー」って言って「へえーーーへえーー」が止まらなくなって最初は平坦な「へえー」だったのにだんだん軽蔑と攻撃が入っちゃった。絶対後ろ姿は見せたくなかったから向こうが負けるまで「へえー」って言い続けた。後悔してない。

おばあちゃんもパパもおばちゃん達もそんな苦しいことを乗り越えてきたの？　ひどいよ。泣きそうだった。

すぐにサキとミナに泣きつきたかったけど思いとどまった。おばあちゃんが言ってたことを思い出したから。なにか衝撃的なことがあってもよほど緊急を要する事態でない限りあわてて行動しないこと。時間をおくとたいしたことじゃないと思えてくることもあるし冷静になってからのほうがよい対処を思いつくからって。危なかったよ。サキとミナは知らない場合もあるし、知ってたらわたしがそれを知ったってみんなに知られちゃうし、肝心のおばあちゃんにも知られちゃうとこだった。

家に帰るまでにはだいぶ冷静になったけど、世界が変わって別人になった気分だった。だけどおばあちゃんには変に思われてはいけないの。おばあちゃんに報告するその日の楽しいことを頭の中で何度もシミュレーションした。

バカだったのはそれを丸ごと信じてしまったこと。おばあちゃんのことを考えるとそういう修羅場をくぐってきたような人に見えなくもなかった。普段は穏やかだけどちょっと気の強いところもあるし、ときどき凄みのあることを言ったりするし、人を追いつめようとしたら徹底的に追いつめることもできそう。そういうことを経験したから逆に穏やかになろうとした結果が今なのかなとか考えた。

そういえばおじいちゃんの写真て飾ってない、ってまたパニックになりそうだったけど落ち着けわたし。ママの写真だって居間にはない。パパの部屋にはあるし、わたしも赤ん坊のわたしとパパとママの三人の写真を持ってる。おばあちゃんの部屋にはおじいちゃんの写真があったじゃないって思い出した。

おじいちゃんはどうやって自殺したんだろうって思ったら、すぐにうちの二階の大きな梁が浮かんだ。昔の家の太い梁を新しい家を建てるときに使ったんだって。とんがり屋根の下に三本と一本渡してあってすごくいい感じ。わたしが林業をやりたいって思ったのもそれを生まれたときからずっと見てたせいもあるかもしれない。階段の手すりとか居間のカウンターとかところどころどっしりとしたいい木を使っててそれを毎日触っているから。おばあちゃんとテレビを見ていて東北の特別お金持ちではないような新しい家でもすごい木がたくさん使われているのを見て、やっぱり産地に近いとああいうのがたくさん使えるのかなって思った。話を戻すと、それは違うと思った。だってみんなあの家で幸せそうに暮らしてたしパパは新婚生活をあそこで送ったのだし、おじいちゃんがあそこでそんなことをしたらそうはいかなかったと思う。それにあの頃おばあちゃんとワイドショーを見てたらおばあちゃん「今時のマンションは首を吊るところもないんだね」って言ったの。いくらおばあちゃんでももしそうだったらそんなブラックなこと言えないよね。

あのとき次に考えたのはそのことをわたしがそれまでまったく知らなかったっていうこと。どうしたらそんなことになるのか。友達の親達がわたしには絶対そのことを言わないようにと言い含めてたから。でもそれだとみんなは知ってるってことだ。なのに今までも誰一人わたしに言わなかったってこと？　みんなみんなみんな。または親達が子供達の耳には絶対入れないようにしてた。そんなことって可能かな。どっちにしてもわたしはすごいみんなに守られてきたんだって一人ひとりの顔が浮かんできてまた泣きそうだった。

芹沢類
作詞家。大橋純子『愛は時を越えて』、郷ひろみ『僕がどんなに君を好きか君は知らない』、セーラームーン『乙女のポリシー』ほか。また古語を用い源氏物語の世界を描いた「兆し」「闇よ、闇夜よ」「幻」など、ボーカルユニット綺羅と共に和の世界や童謡を作る。これまでの小説作品に『門の中の子』『私達の地上は空の上』がある。

あたらしいお金

伊藤正人（愛知）メイカー／眼鏡作家

所長　なんか概念銀行というところからKitCoinのリアルコインを試作して欲しいという依頼があった。

アイダ　危険な依頼ですね。

所長　なんでも造形研究所なんだからやってみよう。作り方を考えてくれ。デザイン画は概念銀行から楽しい絵柄を提供してもらった。

アイダ　では、また私が輪郭線だけを取り出してみます。それを３ＤＣＡＤでデザインのパーツ毎に高さを変えて、３Ｄモデルにするのがよいでしょう。

所長　研究所の３Ｄプリンタは「ＳＤＭ方式」で、平らな台の上に、材料をソフトクリームのように積み上げていく方式。ただ、裏側になる面をきれいに造形するのが不得意なんだ。

アイダ　３Ｄモデルを半分に割って、裏と表を別々にプリントして貼り合わせたらどうでしょうか。

所長　せっかくだから、裏表を別の色にして、おめでたい紅白はどうだろう？

アイダ　了解しました。

所長　とりあえず直径５㎝の紅白版ができたが、もうすこし小さいサイズもありだな。

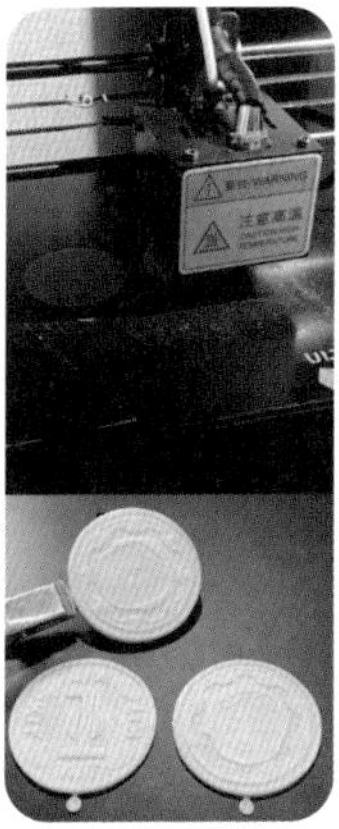

アイダ　コインの色は単色（白・黒・赤）で対応できますが、金色も可能です。金色の方がコインらしいですね。

所長　とりあえず完成。

アイダ　次号では何に挑戦しますか？

所長　『イコール』の読者さんがリクエストいただければ検討してみよう。リクエストは『イコール』ナンゾウ研究所宛で、info@equal-mag.jp まで送ってください。

アイダ　たくさんリクエスト来ると嬉しい。

所長　私としては、そろそろ夏なので、新しいサングラスを作ってみたいぞ。

イラスト　かふあ　　　　文章　橘川幸夫

飢鴉

かふあさんは、日本有数のＡＩクリエイターである。そんな彼女が２０２３年の夏に、ある書き込みを Facebook にした。「私はもう８割はクライアントのある受注仕事をして、残りの２割は徹底的に遊ぶ」と。それを読んだ私はすかさず「遊ぼう」とメールした。

私が提案した遊びは、こういうようなものだ。

「私は今から半世紀以上前の 70 年前後に、ほんの１、２年だけ短歌を書いていたことがある。その短歌を読んでもらって、まだ生まれていない、かふあさんに、その時代の空気感を想像してもらい、ＡＩで風景を描いてもらいたい」。もちろん、彼女は 70 年には生まれていないのだが、言葉の想像力でイメージを広げてもらい、コラボレーションしたのが、今回の作品である。ＡＩ表現の一つの可能性を追求したいと思った。

私の若い時に書いた短歌は、一部『ロッキング・オン』にも掲載したが、大半は自分のノートに書かれたままだった。50 歳をすぎて、オンデマンド出版で発行し、古い仲間の四本淑三に音楽をつけてもらい You Tube にも流した。

タイトルの「飢鴉」は「ウエタカラス」ではなく「キア」と読む。当時の読んでいた本で見つけた言葉。記憶が定かではないが、夏目漱石の漢詩集にあった言葉だと思う。当時は知らない言葉を探すことに情熱を持っていた。

時を超えて、橘川の言葉とかふあさんのアートが混ざりあった世界をご覧ください。

『深呼吸宣言２ 飢鴉』

『深呼吸宣言２ 飢鴉』
橘川幸夫（写真＋テキスト）
四本淑三（音楽）

大胆に信じることも出来ぬのか鳥の感情もてり今宵の指は

一九歳の地獄こえ一人風車とか歯車とか

目を覚まし朝陽が我を裂くよりも激しく手紙を裂くかも

私と私の間に河あり誰も渡れぬゆえ言葉なげこむ

西瓜持ち歩いて来たる妊産婦赤き内面を誰が食らふ

長髪を切りしとて耳おおうものあり新宿に木霊なく

橘川幸夫の深呼吸学部（私塾）参加者募集

深呼吸学部は大人のフリースクールです。

はじめに

私は1972年に音楽雑誌『ロッキング・オン』の創刊に参加し、創刊の10年間を編集スタッフとして過ごしました。雑誌を出すために写植という技術を学んで写植屋を開業し、70年代は、私の住居が『ロッキング・オン』の編集部であり、写植屋の作業場でした。『ロッキング・オン』は渋谷陽一が編集長で、私は編集室長でした。78年に、今の宝島社で、全面投稿雑誌『ポンプ』を創刊し編集長になりました。70年代の雑誌の時代を、参加型メディアの追求というテーマで動きまわりました。

その後、参加型社会を目指して、マーケティングやリサーチなどの仕事を行い、パソコン通信、ニフティサーブのシスオペなどを経て96年にデジタルメディア研究所を創業して、インターネット状況の中で生きてきました。合わせて、専門学校の講師や大学の客員教授などを勤め、2000年のはじめからプライベートな私塾を運営してきました。

深呼吸学部は2020年のコロナ状況の中で開始した、Zoomを使ったオンライン私塾です。現在、第二次深呼吸学部を運営しています。

2024年、コミュニティ生成型雑誌『イコール』を創刊し、今後は「雑誌」を軸にした深呼吸学部を追求します。

参加方法

月額1000円です。

(1) noteのマガジンを購読してください。
https://note.com/metakit/m/m36e9f0d75349

(2) 深呼吸学部に参加したい人は、「深呼吸学部参加希望」と書いて、『イコール』編集部にメールをください。
info@equal-mag.jp

講義などは随時行っていますので、それぞれのペースで受講してください。

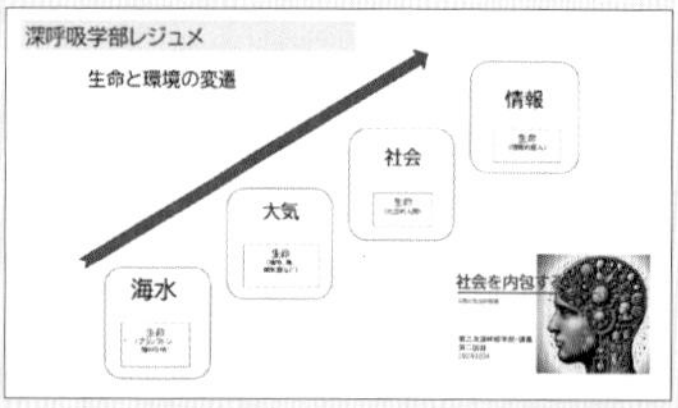

深呼吸学部の内容

● **講義**

橘川幸夫がメディア開發を行いながら体験的に蓄積したノウハウや世界観をレクチャーします。

● **ワークショップ**

1. コラム道場

(1) 橘川がテーマを提供するので、書きたいテーマがあればコラム原稿にしてください。

(2) 提出した原稿は塾生全体で相互批評を行います。（ソーシャル編集と呼びます）

(3) ソーシャル編集を経て、書き直した原稿は、ミニコミ「ロコール」に掲載します。

(4) 橘川が内容的・表現的に秀逸だと思った原稿については、橘川のアドバイスなどを経て、『イコール』で掲載します。

2. 編集バンド

(1) さまざまなテーマの企画案を提示します。

(2) 関心のあるテーマを、複数のメンバーで編集バンドを組み、調査・研究・議論などを経て原稿化します。

(3) ソーシャル編集を経て、自前の報告書を作成します。

(4) 橘川が内容的・表現的に秀逸だと思った原稿については、橘川のアドバイスなどを経て、『イコール』で掲載します。継続的に活動を続けて、書籍化することも可能です。

3. インタビュー道場（準備中）

● **部活**

塾生で参加したい人は橘川まで連絡ください。

1. IT調査部

ITに関心のある人が集まり、議論・企画・開発などを推進します。

2. 書籍部

書籍の制作に関心のある人は、実際に編集して書籍を作るまでの工程を実践します。

3. 動画編集部

深呼吸学部の講義、イベントなどの動画アーカイブを編集します。

4. イベント部

さまざまなイベントやセミナーを実施体験しながら、スキルを高めます。

5. 企画部

世の中の具体的な案件について、企画会議を行い、提案書を作成します。

6. 調査研究部

テーマを決めて、資料収集、フィールドワークなどを行い、報告書を作成します。

生命科学の最先端がたどりついた
「チャランポラン進化」とは何か？

特集（2）
五條堀孝博士インタビュー

生命の原理を探る遺伝子研究の研究者である五條堀孝博士に、複雑系の科学から物理学の道を進み、新しい社会構造と人間のあり方を追求する田原真人がインタビューを行う。

世界的な遺伝学者である
五條堀孝博士に聞く。

「チャランポラン進化」とは何か？

五條堀孝博士に聞く。

原稿制作協力・小林佳代
国立遺伝学研究所大学院生

2023年、NHKスペシャルで「ディープオーシャンII 紅海～世界初！深海の魔境に挑む」をご覧になった方は多いと思います。あの深海潜航艇に乗っていた日本人の学者が五條堀《ごじょうぼり》孝《たかし》博士です。インタビュアーは田原真人。かつて予備校のカリスマ物理講師として活躍した田原が量子力学の最前線の課題から、遺伝子研究の最前線の課題を探求します。

interviewee

五條堀孝

1979年九州大学大学院理学研究科博士課程修了。理学博士。テキサス大学ヒューストン校集団遺伝学研究センター上級研究員、助教授を経て国立遺伝学研究所教授・副所長、理化学研究所客員主幹研究員、産業技術総合研究所生物情報解析研究センター副センター長、文部科学省科学官、東京大学特任教授などを歴任。現在、アブドラ国王科学技術大学特別栄誉教授（サウジアラビア）、国立遺伝学研究所名誉教授、総合研究大学院大学名誉教授、早稲田大学ナノ・ライフ創新研究機構招聘研究教授、（財）遺伝学普及会代表理事、（財）マリンオープンイノベーション機構研究所長など多数を併任。日本遺伝学会会長、日本進化学会会長などを務め、現在（社）富士箱根伊豆国際学会会長、DNA鑑定学会理事長。2006年全米芸術科学アカデミー外国人名誉会員、2007年ローマ教皇庁科学アカデミー会員、2009年紫綬褒章、2013年世界科学アカデミー外国人会員、2015年欧州分子生物学機構外国人会員など、分子進化や進化遺伝学の研究が高く評価され受賞。

生命科学の最先端がたどりついた

世界的な遺伝学者である

ニュートン力学が作る宇宙観と、ダーウィンの進化論は、近代社会を形成する上で大きな影響を与えてきました。しかし、ミクロ現象が明らかになって量子力学が生まれ、ゲノム解析が進んだことで新しい進化観が生まれつつあります。これらは、近代社会を超える新しい世界観を形成していく可能性を秘めていると思います。ゲノム研究の最先端で活躍してきた五條堀孝先生は、ご自身の進化観を「チャランポラン進化」と呼んでいます。そのイメージに、インタビューで迫りました。

（田原真人）

interviewer

田原真人

早稲田大学理工学研究科博士課程で生物物理や複雑系の科学の手法を用い、細胞性粘菌の形態形成における自己組織化の理論的研究を行う。その後、河合塾の物理講師になり、２００５年に物理ネット予備校（フィズヨビ）を立ち上げる。東日本大震災をきっかけに日本の社会システムについて違和感を感じてマレーシア移住。「主体的な学び」に関心を持つようになり、オンラインを中心とした活動を始める。２０１２年に「反転授業の研究」を立ち上げ、オンラインコミュニティの自己組織化に取り組み、オンラインでの主体的&対話型の学びの場創りのノウハウを確立する。『Zoomオンライン革命』『出現する参加型社会』など著書多数。

「チャランポラン進化」とは何か？

五條堀孝博士に聞く。

五條堀先生のお話は、比較という手法から始まりました。

生物間の比較というのは、基本的には分類から来るわけです。動物哲学を書いたラマルクや、ダーウィン辺りから、分類は進化的な考えになってきます。従って進化を考える上で比較は非常に大事で、種間を比較する手法がそのまま、分子レベル、タンパク質、DNAであったり、モノ、タンパク質同士の相互作用であったり、そういったものも含めて比較をすることによって、非常に面白いことが分かってきます。

比較をするためにはデータが必要です。今は、データベース化され、ビッグデータ解析となっている。生物学がアナログ的な研究から、どんどんデジタル化していく。さらには、AIまで使っていくということになります。そういう流れの中で、基本的で古典的な方法でありながら、有用な方法論というのが「比較」だと思います。

デジタル化は、生物学に何をもたらしたのですか？

湯川秀樹先生に始まる物理学の成功があり、物理学帝国、化学共和国、そして生物学村といわれた時代でした。

物理学には、きれいな体系があり、原理がある。化学だって理想気体の方程式からいろいろある。でも、生物学にはそれがない。帝国主義までは行けないにしても、生物学が、なんとか村を出られるところまで行きたいということで、ゲノムデータの解析にたどり着いたのです。

ゲノムデータ解析の時代が幕開けし、五條堀先生は、ヒトゲノムプロジェクトのメンバーとなります。

ヒトゲノムプロジェクトが1985年に始まり、2000年に大体の情報が出てきます。私は、ちょうど、その中にいたんですね。東大グループ、慶応グループ、技研、遺伝研などが取り組み、私のグループは、私を入れて17人の著者になりました。日本はわずか8%でしたが、日本も貢献できたかなとは思います。

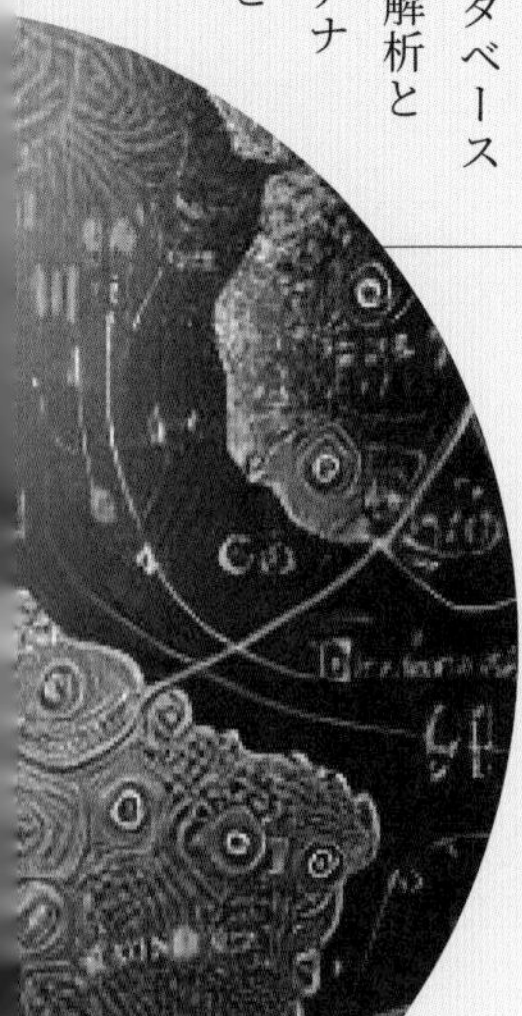

生命科学の最先端がたどりついた
世界的な遺伝学者である

データが溢れるように来て、それを悩みながらも比較しました。進化をやるには、最高の状況でした。ウイルスから始めたゲノム進化研究ですが、バクテリアも、人も、マウスも見られる。いろんなものが本当に溢れるように見えて、それらをちゃんと整備できる。もともとデータベース構築は、嫌々ながら、しょうがなくやらされたものでしたが、実はゲノム情報解析のど真ん中にいたってことになり、偶然といえば偶然だし、たまたま当たって良かったという、そういう状況だったと思います。

ゲノム情報解析が進む中で、日本から木村資生の中立進化説、大野乾の遺伝子重複説など、世界的な研究が生まれてきます。この二人は、時には対立する事もあったようですが、五條堀先生は、どのように見ていたのですか？

基本的な世界観、生命観が違いますね。研究手法的には木村先生の方が、数式を用いて非常に論理的でエレガント。それから、データも用いた解析も非常にシャープです。一方、大野先生は、世界はすべて周期性、つまり、繰り返しの秩序から来ているのだというドグマをもつわけです。その繰り返しが遺伝子として繰り返されると遺伝子重複になるし、全体としてゲノムが重複すればゲノム重複になる。この繰り返しが大事で、そこにいわゆるその生命の本質があると考えるのです。

大野先生は趣味人だったんで、繰り返しを明確に見るために遺伝子音楽というのを考えて、国際会議の時に披露されました。それに対して、木村先生がここは遊びじゃないんだと言って、大ゲンカになりました。これは本質的な世界観の違いであると同時に、手法の違いでしたね。サイエンスをひとつの道として捉える木村先生と、楽しむことが大事で、人生謳歌の中に学問があるという大野先生の違いが現れていましたね。

木村先生と大野先生の比較ですね。

科学者っていうのは、手法

「チャランポラン進化」とは何か？

五條堀孝博士に聞く。

だったり、物を発見するということも大事ですけど、一番大事なことは新しい考え方を提出することだと思います。木村資生にも大野乾にも、そういうものがあって、そういう科学者じゃなきゃいけないということを、この二人から学びましたね。

近代社会は、偶然と必然によって物事を合理的に説明しようとしてきましたが、量子力学や生成AIは、その中間を扱い始めているように見えます。生物学はどうなのでしょうか？

偶然と必然については、ジャック・モノーという分子生物学者が論じたわけですが、今の手法は、偶然で解けるところと必然で解けるところを分けているんですね。実際、偶然といいながらもホワイトノイズというのは必然の時に必ずあるわけで、どっちが強く決定因子になるかどうかです。木村先生のところにいたので、中立説に対する思いは非常に強いのですけれど、分子レベルの進化を見ても、表現系のところに行きたいわけです。なんで脳はこんなに高次機能を持ち得たのか、目はなんでこんなに見えるようになったのか、など、いわゆる決定論的と言わないけれども、決定的な生物進化がどう起こったのかは、知りたいんです。

中立説の問題は、進化の原因が「たまたまだよ」ということになり、進化のインセンティブがなくなってしまうことです。一方で、目的論である万能淘汰論には、「間違えているかもしれないけれど、進化の原因解明に向かっていく」という意欲がある。その中間がありそうなのだけど、中間に対しては解く手だてを持っていない。

細胞の中は、未来都市みたいになっていて、タンパク質が輸送される道が3次元に入り乱れていて、それを受けて排出するところができていて、非常に有機的に動いてる。それがバーチャルリアリティーなんかで見えてきたらいいのかもしれない。そういうところから、偶然と必然の中間のものが見えてきたり、解けてきたりする。新しいテーマが出てきて、単純な流れじゃ

生命科学の最先端がたどりついた
世界的な遺伝学者である

ないところに切り込んでいけるのかもしれない。そのためには、みんな遊ばなきゃだめだなと思うんですね。小さい頃からゲームやっている若い人たちの中から、新しい発想が出てくるかもしれないですね。だからそういう人たちに、「こんな問題があるぞ」という出会いをどんどん増やしていくというのが大事。よく学生にも言うんだけど question is more inportant than answer。問題の方が答えより大事だから問題をどんどん広げてもらって興味を持ってもらって、いろんな違う分野が入ってくる。そこが非常にブレイクスルーになっていくじゃないんですかね。そういう教育ができたら非常にいいんじゃないか、そういう風に思いますけどね。

ゲノム解析をもとに新しい生命観、進化観について考えてきた五條堀先生が、進化を「チャランポラン」という言葉で表しているというのはどうしてなのですか？

いわゆる突然変異というのは、DNAが次の世代に移る時に複製して、渡していくんですけど、そのとき間違いを起こすわけですね。その間違いが、突然変異であって、それがないと同じものができるので、いわゆる多様性の本源でもあります。つまり、進化の原動力なわけですね。

その間違いっていうのは、DNAの構成要素の塩基ATGCの一つがAからGに間違えて変わるということもあれば、遺伝子が重複して複製されたり、半分なくなってしまったり。また、トランスポゾンという、よそから遺伝子が飛んでくる場合があって、それがウイルスであったりバクテリアであったりもするんですけど、いろんなものがあります。特にヒトゲノムで分かったのは、ウイルスの死骸がゴロゴロあることです。人の機能的な遺伝子は2.5%ぐらいで、70%は死骸とか、何か分からないものばっかりなわけですね。しかも哺乳類の羊膜に関係する重要なタンパク質のシンシチンはどう見てもよそから入ってきているんですよ。爬虫類から哺乳類へ徐々に進化してきた

生命科学の最先端がたどりついた　「チャランポラン進化」とは何か？

世界的な遺伝学者である　五條堀孝博士に聞く。

のではなく、ウイルスから遺伝子を貰わなきゃ進化できなかったということが分かってきている。そういう中でいかにエラーを受け入れるのか。しかも未来が見えていないので、未来を予測して受け入れているわけじゃないですよね。まあちょっと擬人的な言い方しちゃいけないんだろうけど、仕方なく受け入れている。よっぽどそれを入れたら死んでしまうもの以外は、何でもいらっしゃいと言いますかね。それがやっぱりゲノムの進化的な特性だということに気づいたわけです。

　ゲノムのそういう特徴を表す言葉が、「チャランポラン」しかないんです。チャランポランっていうのは、チャラっていうようにいい加減だし、ポランっていうのは、法螺だから、分解してみればその言葉とは違うんだけど、しかしなんか適度に温かくですね。適度にいい加減ですね。適度に何でもいいんです。

　出版社の方から、ちょっとそのチャランポランっていうのは先生の品性に関わると。もうちょっといい言葉を探してくださいと言われて、有名な禅のお寺の老師に聞きに行ったんですが、「自分の知る限りはないです。だからもう自分で作るしかないですね」と言われて、もうチャランポラン進化で行くことにしました。そういう経緯で、この「チャランポラン進化」という名をつけているのです。

ネオ・ダーウィニズムの適者生存の進化観は、合理的に最適解へ収束していくイメージを与えるのに対し、「チャランポラン進化」は、「こんなもの受け取っちゃって困ったなぁー」と言いながら、嫌々やっていたら、後から意外にも役立ったというような、行き当たりばったり感が感じられます。それは、嫌々ゲノムデータベースの構築をする羽目になったのが、結果としてヒトゲノム計画の中心になっていった五條堀先生の研究者人生とも重なります。不確実性が高まっていく時代に幸せに生き るためには、偶然に翻弄されながらも、柔軟に生き抜いていく「チャランポラン進化」の考え方が、重要な指針になるのではないでしょうか。

富士・箱根・伊豆
国際学会
FHIX

一般社団法人富士箱根伊豆国際学会は、この地域における様々な文化・伝統・学術・産業を含む広範囲な活動を国際的な観光資源として捉え、コミュニティの価値ある知的資源を先端的なデジタル技術を活用してスマートに国内外の人々に向けて発信するとともに、地域のDNAとして次世代に継承していくことを標榜する国際学会です。

富士・箱根・伊豆国際学会 会長 五條堀 孝

マリンオープンイノベーション(MaOI)機構研究所長、アブドラ国王科学技術大学(KAUST)特別栄誉教授(サウジアラビア)、国立成功大学玉山教授(台湾)、国立遺伝学研究所名誉教授
ローマ教皇アカデミー会員、全米科学芸術アカデミー会員、欧州アカデミー会員、欧州分子生物学機構(EMBO)フェロー、全米科学協会(AAAS)フェロー、世界アカデミー(TWAS)会員、国際計算生物学会フェロー、紫綬褒章受章。

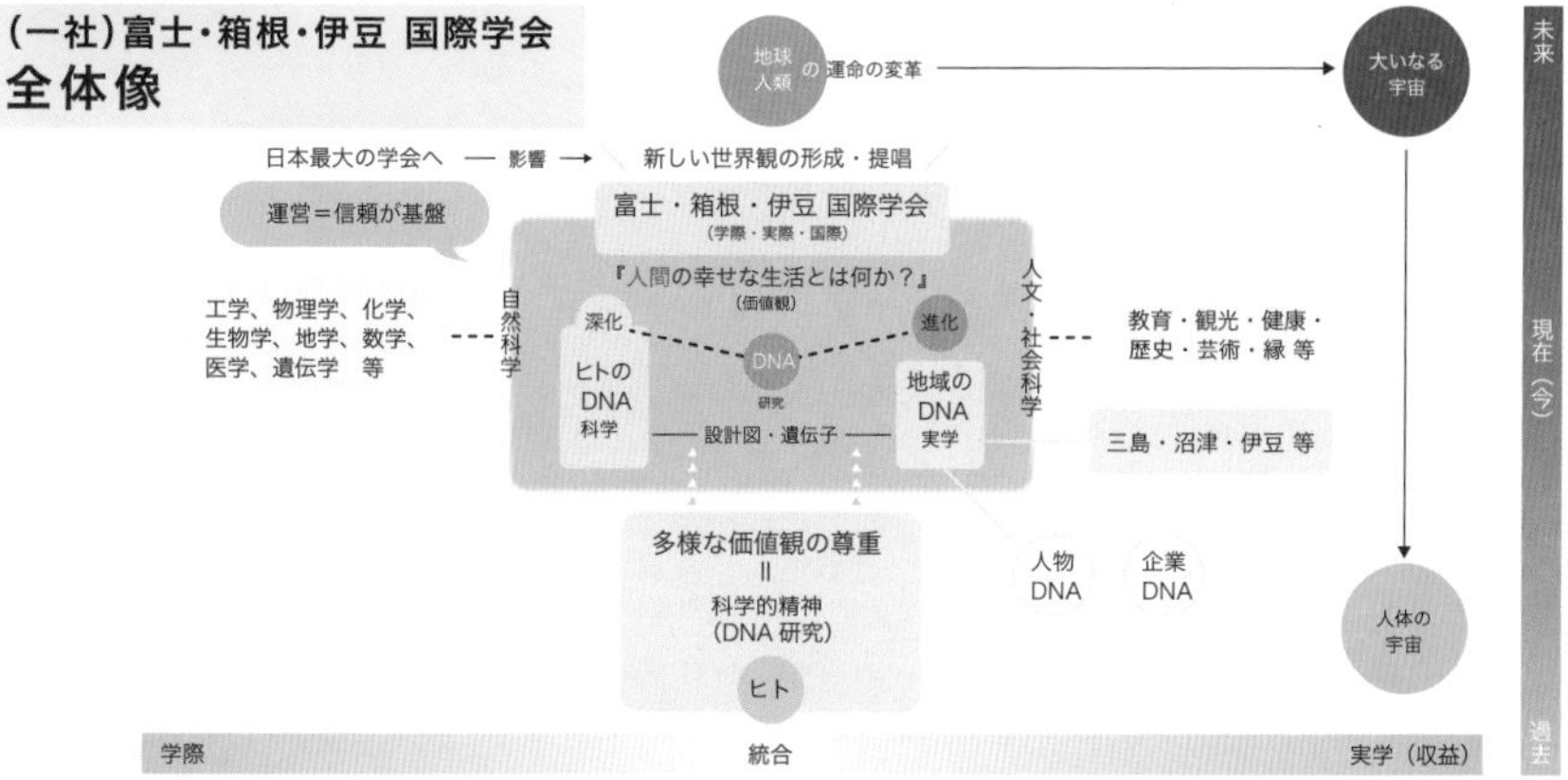

株式会社 グローバル・エンゲージメント・ジャパン (事務局および事業化を担当)

富士・箱根・伊豆
国際学会
FHIX

(一社) 富士・箱根・伊豆 国際学会

「富士・箱根・伊豆」から学際的で実学的な総合学問体系を確立し地域創生の国際的な拠点を目指します。

〒411-0855 静岡県三島市本町 7-30 Via701 3階
Web https://issfhix.com メールアドレス ce@issfhix.com

学会HP 入会申込

現役のゲームクリエイターや、志望者には必読の教科書です。さらに、これからのビジネスを模索している人たちにも、読まれはじめています。

ゲームは「動詞」でできている

監修・田尻智氏
著作・浅野耕一郎
イラスト・田中圭一

発行・デメ研

『クインティ』『ポケットモンスター』シリーズの生みの親として世界に知られる田尻智氏監修、ゲームプランナー浅野耕一郎氏による、まったく新しいゲームアプローチのゲームデザイン入門書です。イラストは田中圭一氏。ゲームファン、ゲームクリエイターの現役さんも志望者さんも必読です。

推薦の言葉

ビジネスを考える人の教科書でもある。

本書の「ゲーム」を、「街」に「自動車」に「メディア」に「ＩＴ」に「金融」に「コンサル」に「研究」に置き換えても、すべてが通用することがわかるはずだ。そう、人間に関わる事象はすべて「動詞」でできている。ゼロからゲームを作るつもりで自分のビジネスと向き合おう。

柳瀬博一
東京工業大学リベラルアーツ研究教育院教授
（雑誌「President　２０２４年５月17日号より援用）

本書は、一般の書店や電子書店では販売していません。深呼吸書店（シェア書店内）や、文学フリマなどのイベント会場で販売しています。BOOTH「深呼吸百貨店」で通販購入が可能です。

BOOTH「深呼吸百貨店」
https://metakit.booth.pm/

イコールは、さまざまな方角から、さまざまな想いを持った人たちが集まる広場です

SCENE7 イコール広場

イラスト／ハル（埼玉）小学１年生

1.『イコール』からのご挨拶

雑誌『イコール』は2024年1月に創刊0号が発行されました。

橘川幸夫責任編集の『イコール』の正式な創刊号は2024年5月春号で、以後、季刊（春号、夏号、秋号、冬号）で発行していきます。

編集長の橘川幸夫は、70年代に音楽雑誌『ロッキング・オン』の創刊メンバーとして参加し、「紙のインターネット」と呼ばれている全面投稿雑誌『ポンプ』を創刊しました。その後、マーケティングや、メディア開發などを行い、著作も多数あります。

『イコール』は、これまでの方式で大量印刷・販売の雑誌発行モデルが崩壊したため、原稿料などは、橘川が発行するKitCoinという仮想通貨を発行し、印刷費はクラウドファンディングで集まった金額をベースに印刷部数を決めるというリスクの少ない方法で発行します。

原稿執筆が可能な信頼関係のあるコミュニティがあれば雑誌が創刊できる、というモデルを実践的に開發し、現在、田原真人、久恒啓一のそれぞれの責任編集『イコール』を企画準備中です。今後、さまざまな『イコール』を企画・検討していきます。

販売ルートは、協力いただいている出版社のメタ・ブレーンを通して、トーハン・日販経由で全国の一般書店、Amazonなどの電子書店で販売がします。その他、独自にシェア書店、文学フリマなどに出店して販売しています。

インターネットが始まった頃、多くの人がHTMLを勉強してホームページを作った時代のように、多くのコミュニティが独自の雑誌を創刊する文化を刺激していきたいと思っています。

また、雑誌発行に関わることで、メディアの意味やスキルを学ぶための橘川幸夫の私塾「第二次深呼吸学部」も運営しています。他の私塾や学校の先生たちとも連携して、アクティブ・ラーニングのアウトプットの場としての雑誌を目指します。

2.『イコール』への参加方法 まずはコラムからどうぞ。

コラム投稿募集

『イコール』は、読者の皆さんのからの投稿を募集しています。

まずは「コラム」から。『イコール』は、「紙の雑誌」です。ネットのように無限のスペースがありません。ネットなら書きたいだけ書けますが、紙の雑誌はそうはいきません。逆に言うと、ネットに書いた原稿を、絞って絞って、本当に言いたいことだけをまとめた文章が印刷されます。だから、読者も凝縮した想いを読んでくれるのです。

『イコール』はコミュニティ生成型の雑誌です。編集長の橘川幸夫が読みたい原稿だけを掲載します。『イコール』に原稿を掲載したい人は、まず「コラム」から入ってください。RADARというコーナーに掲載していきます。そこから信頼関係が生まれたら、本誌の企画も歓迎します。『イコール』で連載して書籍にする道もあるし、自分が編集長になって、自分なりの『イコール』を創刊する道もあります。

インターネットとAIの威力が本格的に発揮される時代だからこそ、私たちの個別の身体と感性と体験と言葉を、個別の人に伝えていく意味が大事になってくるのだと思います。

投稿案内

『イコール』では、さまざまな領域やシーンにおける最新の動きを伝えていきます。「人・モノ・コト」あなたが「新しい」と感じたテーマを原稿にして送ってください。

募集要項

◇原稿の分量は、1本、300文字から500文字の範囲でお願いします。

◇タイトルは25文字以内になります。本文、タイトルは相談の上、編集部で編集させてもらう場合があります。

◇締切は、ありません。

◇掲載をさせていただく場合は個別にご連絡さしあげます。

投稿原稿については以下に送ってください。

イコール編集部投稿係「post@equal-mag.jp」に送付してください。

原稿の最初に以下をご記入ください。

●お名前
●掲載時ペンネーム
●住所
●原稿タイトル
●原稿本文

3.『イコール』は読者参加のイベントを実施しています。

『イコール』ライブ参加

『イコール』では、さまざまな参加型イベント、トークライブなどを実施しています。無料で参加できます。

久米信行と映画を語る会

毎月1本、久米信行（iU情報経営イノベーション専門職大学教授）が指定した映画を見て、感想を語る会を実施しています。

公文俊平情報塾

公文俊平（多摩大学情報社会学研究所所長）が選書した本の読書会を行っています。

その他、さまざまなテーマで参加型トークライブを行っています。

関心のある方は、メルマガ『イコール』プロジェクト通信（無料）」に登録してください。

メルマガ案内

『イコール』プロジェクト通信（無料）

『イコール』は、ChatGPTだからこそ、紙のメディアにこだわり、個人の発言と個人の読者をつなげるアナログな関係を大事にしていきます。

現在、橘川幸夫が責任編集の『イコール』が季刊雑誌（年間4回発行）として先行していますが、今後、田原真人の責任編集号、久恒啓一の責任編集号が創刊されます。今後も、さまざまなコミュニティを運営している人たちが責任編集をした『イコール』が登場するでしょう。

私たちは、『イコール』プロジェクトとして連携しつつ、個別に責任編集の『イコール』で独自のテーマを追求していきます。

橘川幸夫、田原真人、久恒啓一の、それぞれの活動状況は、こちらのメルマガで案内していきますので、関心のある方は、以下の登録フォームから、ご登録ください。

4.『イコール』は一般書店やAmazonの他に、独自の販売網を作っていきます。

『イコール』販売案内

『イコール』は全国一般書店、Amazonなど電子書店で販売しています。

シェア書店「深呼吸書店」

『イコール』は、各地のシェア書店やシェア図書館の棚を借りて、本を販売しています。

●0号店（茨城県・石岡市）
つながる図書館

●1号店（東京・神保町）
ブックカフェ二十世紀

●2号店（福岡・糸島）
糸島の顔がみえる本屋さん

●3号店（調布市・仙川）
センイチブックス

●5号店（京都市）
こもれび書店

●6号店（神保町）
PASSAGE3号店
PASSAGE SOLIDA

●7号店（神保町）
ほんまる神保町店

イコール支局

●福岡支局
福岡県福岡市中央区谷1丁目14−2 裏六本松プロジェクト

●奈良支局
奈良県 北葛城郡王寺町王寺1丁目2−10（株式会社松谷輪業内）

販売協力店

●青熊書店
東京都目黒区自由が丘2−17−6 THE FRONTビル

●岩手古着屋 BLEND STORE
岩手県花巻市上町13−34

●『イコール』創刊1号を卸します。

各地のシェア書店・シェア図書館・ブックカフェなど雑誌・本を販売していただける場所を運営されている方に、雑誌『イコール』を5冊単位で卸します。

卸価格
一冊1000円（税込み）×5冊＝5000円
＊送料は当方で負担いたします。

5.『イコール』支局便り

『イコール』では、各地に「支局」を設置していきます。

支局の役割

◇地域特派員として、地域の新しい動き、ユニークな人物の情報を編集部に提供する。
◇雑誌『イコール』や関連書籍、グッズなどを販売する。
◇『イコール』のライターが支局に行ったら歓待する。
◇その他『イコール』の活動と連携していく。

0001『イコール』福岡支局

支局長・松島凡

カフェクラリより

地方都市、潜伏するなら場末バー

1985年上京、以後35年の長きにわたり鼻たれ大学生、落ち着きのないサラリーマンやうだつの上がらない自営業をやっているうちに弓折れ矢尽き、気がつけば東京を離れ、生誕の地福岡へ逆戻り。街の匂いや人々の方言も昔のままでタイムループな気分を味わっている今日この頃。

地方都市で情報収集をしながら潜伏するには、目立たない地味な生業が必要。そこで居酒屋兆治のようなバックストーリーはないけれど、誰もが一度はやってみる仕事、〝場末バー〟を始めてみた。

まあ、東京に出て30数年の間、学友、彼女、会社の同僚や取引先、なじみの店のいつもの仲間と、あらゆるシーンで酒だけは休まず飲み続けていた。ここで誰もが簡単に考えてしまうのが、「飲み屋でもやってみるか」（↑いっとき不倫して脱サラ蕎麦屋を始めるのが流行ったように）。

実はこれ、文庫本500冊くらい読んだから作家でもやってみるか、に等しい暴挙なわけで、いざオープンしてみるとわからんこと多すぎ。

経験上、客が入りやすい店は往々にして広さと料理で勝負しているが、この手法は空間的、技術的、体力的にちょっと無理。

そこで阿佐ヶ谷など古い街の駅前に並ぶ小ぶりなバーの古式にのっとり、ジャズ、クラシック、たまに美空ひばり

が流れ、癖のあるマスター、酒はウィスキー3000円以内でベロベロ、簡単な乾き物とへんてこなつまみ&抽象的な話題でひっそりとたたずむ場末バーを標榜し、無理やりオープン。

静けさ漂う場末バーを始めたつもりが、いつの間にか唇をワインレッドに染め上げるドレッドノート級な女性たちを筆頭に、理系の先生たち、多種多様なサラリーマン、役人、気さくな医療関係者、古書店の店主たちが集う明るいガブ飲みワインバーになってしまった。

気を付けなくてはならないのが、場末バーを潜伏場所に設定すると。自分で飲みに行かなくてもいつも強制的に飲み屋にいることになってしまうこと。これが抜群に面白い。

飲み屋では、馴染みのお客さんたちは日々の出来事から恋バナ、政治宗教、天下国家の話まで、それぞれ個人の視点で語るリーサルメディアと化すのだ。毎晩酒を飲みながらお客さんたちの話を昇華させるのが、癖のあるマスターの役割なのだ。飲み屋は永劫回帰なのだよ。

もっと早く始めればよかった。

住所：福岡県福岡市中央区谷1丁目14－2　裏六本松プロジェクト

0002『イコール』奈良支局

支局長・松谷あい

奈良は住みやすい町

イコール奈良支局は、なんと車屋さんの中にあります。特に古き良き車やバイクに興味のある方は、一粒で二度美味しい場所でしょう。毎週木曜と第3水曜はお休みなので、それ以外の10時から17時の間にお越しください。JR王寺駅から徒歩5分。奈良支局は王寺町の中心地にあります。その王寺町はアクセス良好で駅前も充実。JR大阪まで乗り換えなしで40分。街のブランドイメージも高く、2023年「住みここち（自治体）ランキング」で奈良県1位、関西3位に輝いたほどです。修学旅行では外せない世界遺産・法隆寺も隣町にあります。世界遺産・大峯山の修験道と共に美しい自然と文化が残る天川村ツアーも企画予定です。古の都にて一緒に歴史を感じませんか？

住所：奈良県 北葛城郡王寺町王寺1丁目2－10（株式会社松谷輪業内）

email: sumida@88-english.com

6.『イコール』OTASUKEMAN

特別な技術、経験、知識を持っている人に、『イコールOTASUKEMAN』として登録してもらい、読者からの相談・質問に誌面で答えてもらいます。質問の送り先は『イコール』編集部OTASUKEMAN係（info@equal-mag.jp）までお願いします。

『イコール』OTASUKEMAN第1号

「著作権に関する質問はなんでも聞いてください」

入江武彦（会社役員／著作権コンサルタント）

1982年、テレビ朝日に入社。営業・国際・報道・新規事業などを経て2007年から7年間本社で契約著作権部長を務める。時はまさにYouTubeが日本でも見られはじめ、テレビドラマのネット配信も始まろうとする頃。放送と配信の新しい仕組み作りにJASRAC、音事協、レコード協会の方々とシビアな交渉を繰り返した日々を送る。現在はシンエイ動画株式会社取締役管理本部長。著作権コンサルタントでもある。

質問

昔、何冊か本を出していたのですが、絶版になっています。それを別の出版社で再発行しようと思うのですが、著作権的な問題を教えてください。また、絶版本を映画の原作にしたいという相談もあるのですが、注意する点を教えてください。（山内元気・東京・フリーライター）

回答

出版に際して、出版社との間で「出版契約書」を交わしているはずです。これをまずチェックする必要があります。日本書籍出版協会という、大手の出版社も加盟している組織がありますが、こちらが出版契約のひな形を作っており、これに沿って回答したいと思います。

この出版契約には「著作物の二重契約」を規制する条項があり、契約期間中はこの著作物と完全に同一もしくはほぼ同内容の著作物を別の出版社から出版することはできません。別の出版社での再出版に際しては、契約が生きているかどうかが問題になります。

また、映画化などの二次的利用に関しても、このひな形によると最初に出版した出版社を代理人とするという条項がありますので、これらを勘案すると著者といえども勝手に再出版や映画化の話を進めるわけにはいきません。

そして、契約期間ですがひな形によれば3年～5年というものが半数以上で、3か月前までの書面による終了通知がない限りは自動延長となるものになっておりますので、昔出した本の契約は生きているという可能性が高いと思われます。

まずは以前に出した出版社と連絡を取り、再出版の話をしてみることから始めるのが良いと思われます。もちろん、今度出す意向を持っている新しい出版社に依頼をするのも一つの方法です。

https://www.jbpa.or.jp/publication/contract.html
（日本書籍出版協会ＨＰ　契約書ひな形）

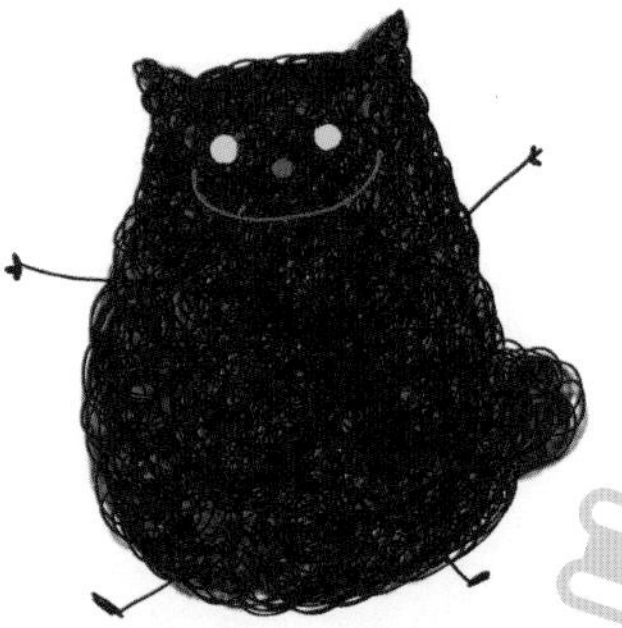

7. KitCoinご案内

『イコール』はコミュニティ生成型雑誌です。原稿執筆者には一般的な原稿料が出ません。その代わりに、KitCoinが支払われます。KitCoinは、『イコール』の様々な活動に協力してくれた人にも支払われます。

KitCoinは、市販の商品やサービスの代金には支払えませんが、『イコール』が発行する雑誌や書籍、イベントやセミナーの参加費として支払うことができます。

8.『イコール』は時代を疾走するマガジンです。

『イコール』バックナンバーは、最寄りの書店かAmazonなどで購入できます。

『イコール』創刊0号
2024年1月15日発行
定価1320円
（本体1200円＋税）

特集1　特集・参加型シェアエコの時代
シェア書店の胎動が意味するもの／前川珠子
シェア書店の棚主になってみて／久恒啓一＋田中よしこ

深呼吸書店（書評の本屋さん）
ドードー鳥と孤独鳥／柳瀬博一
ウルトラニッチ／安川新一郎
聖霊の舌―異端モンタノス派の滅亡史／田原真人
実録秘宝館／エンドウユウイチ

映像・音楽・美術系
かふあの世界／かふあ
日本ブルースの今／妹尾みえ
あなたを変えるアート展／田久保あやか

商品・社会装置系
知らない街で「屋台」を出して5年になります／吉池拓磨

LOOSE LEAF ―わたしとまちと原子力― ／福島輝彦

時代系
本を紹介する旅／青海エイミー
世界の中心は青森だ／山田スイッチ
戦後社会の風景／滝 和子
古田隆彦の人工論／古田隆彦
後悔しない引きこもり／八木 隆
ポップ宣言(1) MILK ／岩谷 宏

9.『イコール』ミニコミ準備中

第二次深呼吸学部では、有志が集まってミニコミ『ロコール』を発行しています。

その他『ハコール』『ニコール』も企画準備中です。

10.『イコール』は増殖する雑誌です。

『イコール』は21世紀の新しい雑誌発行モデルを目指しています。

雑誌を創刊するには、編集コスト（原稿料やデザイン料）と制作コスト（印刷費）がかかります。50人の仲間（無料で原稿を書いてくれたり、デザインをしてくれる友人）がいれば、編集費なしで原稿が集まります。原稿料がないので、逆に本当に書きたい原稿だけが集まります。原稿料の代わりに出来上がった雑誌を現物支給する方法もありますし、『イコール』がやっているように独自の通貨（KitCoin）を発行する方法もあります。

クオリティチェックは、編集長の裁量になります。印刷費は事前にクラウドファンディングなどで支援を求めます。クラファンは予約購読みたいなもので、作ってから売上を期待するという、これまでの投機的な出版リスクを軽減します。

要するに信頼できる仲間が50人いれば、膨大な資本を集めなくても、雑誌が創刊できます。今後、発展していくかどうかは、動き出した雑誌の魅力を高めていけるかどうかです。

現在、『イコール』の姉妹誌として、田原真人責任編集『イコール』、久恒啓一責任編集『イコール』が企画検討中です。『イコール』副編集長のオガサワラユウは独自の姉妹紙『パルプ』の創刊を準備中です。

今後、さまざまな小さなコミュニティが、インターネットの初期に多くの個人がホームページを作成したように、グループで雑誌を創刊する時代を夢みています。

『イコール』の経験やノウハウは新しく雑誌を創刊する人たちに公開していきます。地域でも、法人でも、趣味の仲間でも、みなさんの『イコール』を企画してください。

編集後記

雑誌は体力勝負だ、ということを忘れていた（笑）。『イコール』は資本も組織もないところから、原稿を書きたい人が集まり、久しぶりに会った友人と企画で盛り上がり、一冊の紙の束にまとめました。私たちの真夜中のパーティに、新しい友人が参加してくれることを願っています。（橘川幸夫）

本誌の中の『パルプ』企画にて、三名の方に原稿を書いてもらい、掲載しました。書いてもらった原稿の責任を負う、ということが、ほんの少しわかりました。責任とは、感謝と愛情でいっぱいになりながら戦い抜くということでした。さらに、重い責任を抱えながらも疾走するには、誰とも対等の関係であることが、大切だと思いました。そして『イコール』は、私が感じたものより遥かに多くの何かを抱えながら、疾走していることに気がつきました。ほんと、すごいなあ。（オガサワラユウ）

「人が集まれば雑誌だよ。」とは橘川編集長の言葉。私は未来の『イコール』のためのミニコミ誌『ロコール』を編集しています。雑誌作りは簡単ではないけれど、記事やコラムが一つずつ集まる過程は、まるで人が集まっていくようで、一人、また一人と誌面の上に仲間が集まり、本の形になっていくのはとても楽しくて嬉しいことなんだなあと実感中。『イコール』から広がる世界にわくわく！（亜紀）

最近、ネットを見ていて驚いた話がある。日露戦争で高橋是清が調達した巨額の戦費。どうやら、この外債を完済するのに１９８６年までかかっていたのだそうだ。それまでの80年間、毎年どれほど払わされていたのやら。こういう話こそ歴史の教科書に載せていただきたいものである。（石）

STAFF
編集長　橘川幸夫
副編集長　オガサワラユウ
（AD 兼任）
制作部　石島治久
編集部　亀田武嗣、吉池拓磨、松谷愛、谷越亜紀
協力　第二次深呼吸学部塾生、空海、
田中よしこ、近藤千恵子

顧問
公文俊平　多摩大学情報社会学研究所所長
五條堀孝　アブドラ国王科学技術大学特別栄誉教授
斉藤賢爾　早稲田大学教授

『イコール』創刊 1 号
2024 年 6 月 1 日初版発行
定価 1500 円 (1364 円 + 税)

編集発行人　橘川幸夫

発行　デジタルメディア研究所
〒 152-0002
東京都目黒区鷹番 1-2-10 東西ハイツ 110 号
電話 03-3760-2775

イコール編集部 <info@equal-mag.jp>
Web https://equal-mag.jp

販売　メタ・ブレーン
〒 150-0022
東京都渋谷区恵比寿南 3-10-14
電話 03-5704-3919
FAX 03-5704-3457